国家文化公园研究

从理论到实践

吴若山 著

人 民 出 版 社

目　录

序　言　创新与自信——国家文化公园研究　/ 001

第 一 章
国家文化公园的理论审视　/ 001

第一节　国家文化公园概念的建构　/ 003

第二节　国家文化公园相关研究现状　/ 014

第三节　国家文化公园建设的意义、价值及影响　/ 017

第 二 章
国家文化公园的文化凝视　/ 023

第一节　"万里长城"之文化凝视　/ 026

第二节　"千年大运河"之文化凝视　/ 033

第三节　"万里长征"之文化凝视　/ 038

第四节　"九曲黄河"之文化凝视　/ 042

第五节　"万里长江"之文化凝视　/ 048

第 三 章

国家文化公园的政策演进 / 057

————————

第一节 高瞻远瞩的战略部署 / 059

第二节 政策推动的时间轴分析 / 062

第 四 章

国家文化公园的建设纲要 / 065

————————

第一节 建设的指导思想和基本原则 / 068

第二节 建设目标和建设范围 / 073

第三节 主体功能区建设 / 078

第四节 重点工程建设 / 083

第 五 章

国家文化公园与国家公园比较分析 / 087

————————

第一节 国家公园的发展历程以及中国实践 / 089

第二节 国家公园与国家文化公园的关系 / 095

第三节 国家公园对国家文化公园的启示价值 / 101

第 六 章

国家文化公园建设的典型模式和经验总结　/ 107

　　第一节　相关省份的创新典型探索　/ 109

　　第二节　相关市县的创新典型探索　/ 123

第 七 章

国家文化公园推进过程中的突出制约因素　/ 135

　　第一节　管理机制问题　/ 137

　　第二节　资金投入问题　/ 138

　　第三节　项目建设瓶颈　/ 139

第 八 章

国家文化公园建设的对策和建议　/ 143

　　第一节　加强顶层设计　/ 145

　　第二节　创新管理体制机制　/ 149

　　第三节　大力提高建设水平　/ 153

第四节 国家战略性与日常生活性的均衡：

以文旅融合为横截面 / 156

第五节 积极发挥市场和群众的作用 / 159

第 九 章

伟大的中国实践样本

——基于线性文化遗产保护利用视角 / 163

第一节 线性文化遗产的概念及典型代表 / 165

第二节 国外线性文化遗产的保护利用现状与问题 / 178

第三节 中国国家文化公园对于世界线性文化遗产

保护利用的独特价值 / 182

结 语 国家文化公园的未来与未来的国家文化公园 / 187

附录一 大事记 / 193

附录二 相关作品 / 203

序　言　创新与自信

——国家文化公园研究

八月的北京夏夜，华灯初上，携着家人再度来到通惠河畔。夜风如桨，划开沉静水面，微微泛起涟漪。水波流转之间，沿岸万家灯火的倒影似水底游鱼，一时群聚、一时散去。

望着眼前熟悉的风景，我不禁心生感慨。从事旅游业的十余年，常年往返居住处与工作地的缘故，几乎每天都途经通惠河这片平静的水域。她仿佛一位常伴在侧的老友，虽无言，却在变幻中默默守候。她见证了我刚毕业时的青涩，也见证了我一步步在旅游业大发展大变革浪潮中畅游与蜕变的身影。而我也见证了它，从一湾几近落寞的浅浅水域，化身为大运河国家文化公园的一段亮丽风景。

对通惠河而言，她所经历的几度命运起伏，也悄然见证了历史的兴衰存亡。是啊，她曾亲眼目睹过隋唐王朝往来商旅船只的繁荣鼎盛，也曾亲身见证过元明时代帝国漕运的兴盛通达。流水落花春去也，她也曾经历过五代十国的战乱纷飞，也曾哀婉于晚清至民国时代的落寞与无奈。而今的再度复兴，正是祖国南北水运大通道畅通与繁荣的生动缩影。而她之所以能够实现再度复兴，正是源于国家文化公园建设这一重大国家文化工程结下的硕果。

　　恰巧，在近几年的工作中，我也有幸参与了多个国家文化公园的项目论证、重大项目论证、规划设计、专题研究等工作，而这本关于国家文化公园的图书，也算是这些年辗转求索的阶段性总结。念及于此，在为通惠河这位"老友"感到欣喜之余，也不禁感慨命运的渊源巧合之处。

　　这种命运的渊源巧合，恐怕远远不止于我。眼下，全国众多省区市涉及国家文化公园建设，国家文化公园的元素正近距离地飞入寻常百姓家。这些在身边可触及的国家重大文化工程，使民众感受到实实在在的获得感。

　　一百年前，梁漱溟先生曾说过，"世界文化的未来，就是中国文化的复兴"。此时此刻，历史的车轮行进至中国式现代化的关键历史节点，我们放眼华夏神州，长城、大运河、长征、黄河、长江五大国家文化公园宛如纵横交织的文化大动脉，隆起在祖国大地壮美版图之上，形成傲然挺立的中华文明精神脊梁，五条壮美的如橼巨笔，正勾勒出一副壮美的中华文化大画卷，尽显中华优秀传统文化的持久影响力和社会主义先进文化的强大生命力。

　　我们祖国壮美的山河，天然就是世界级的旅游资源。如果粗略以二十年为一代人计算，从"黄山谈话"至今四十余年里，两代中国旅游人推动和见证了我们国家旅游业快速崛起的过程。关于这一点，我们无需引用宏大的数据，仅从个人体验就可得出直观的感受。回顾发展沿途的点滴，在我投身旅游业十余年时间里，在祖国大地上行走的视角，有过景区、酒店、度假区，也有过全域旅游、旅游外交、厕所革命、夜间文旅消费集聚区、乡村旅游重点村（镇）等不同视角。但这些专业观察角度的背后，文化始终是旅游发展的灵魂所在，创新一直是旅游发展的动能所在。而国家文化公园，正是新发展格局下文化与创新"双轮驱动"的时代成果。

国家文化公园这一概念是中国创造，既无法照搬其他国家的经验，也没有现成的理论实践可供参考。到底国家文化公园是什么？为什么要建？怎么建？怎么管？自我 2019 年 12 月 16 日在《人民日报》刊发"建设好国家文化公园"一文后，便没有停歇对这几个问题的探求和回答。

为厘清这四个自问，我用两年多的时间，广泛深入地对长征、长城、长江等国家文化公园建设涉及省份进行实地调研，并将自己关于国家文化公园理论审视等方面的思考形成文字，也就是读者手中的这本书。出版这本图书的初衷，既是自问自答，也是试图在学界不同的争鸣中，找到叩击真理大门的线索。

由于新事物的理论归纳是一个逐渐生长的过程，需要在深入实践中不断碰撞、验证。国家文化公园的成长期尚不足四年，"青青园中葵"正处于不断演变升腾之中，所有这些思考还只是作者的一孔之见，存在诸多不成熟、不完备的方面，我期待抛砖引玉，此书能够激发更多学者研究国家文化公园的兴趣。只有研究的队伍厚实了，我们才能汇众智，早日实现构建成熟国家文化公园理论体系的宏大目标，使得中国声音"鹤鸣于九皋，声闻于野"，以清亮之声、缜密之思、排云之势呈现世人面前。

最后，当思绪从桌几案头再回通惠河畔的美景，更有情愫涌动，不论是出于个人理想，还是出于家国情怀，都从内心深处期盼，国家文化公园的时代好风能够唤醒神州大地蕴藏千年的文化基因，让中华优秀文化滋养更多生于斯长于斯、躬耕于斯的百姓。

本书在写作过程中，许多熟识多年的文旅界友人给我提出了许多有见地的建议、我的家人给予我极大的支持，谨以此书献给你们。

2023 年 8 月 27 日于北京锦园

| 第 一 章 |

国家文化公园的理论审视

　　"国家文化公园"的概念是中国创造，其理论阐述也充分展现了中国创新，是"理论自信"在文化旅游领域的生动表达。构建这种理论自信需要人们对自己所信仰理论的一种积极认同、坚定信仰和执着追求，需要对理论自身的科学性充满信心、对理论自身的实践效果充满信心、对理论自身的发展前景充满信心。可以说，这种理论自信既是成功实践的经验总结，也是事业发展的必然要求。①

　　关于国家文化公园的理论建构，既需要对地方实践进行深入案例剖析，也需要围绕概念、逻辑、理性、源流、意义、价值等方面展开研究。

第一节　国家文化公园概念的建构

　　我国提出"国家文化公园"概念时间并不久远。从概念构想到目标体系、规划编制、项目落地，仅用了短短数年时间。

　　国家文化公园的概念首次纳入国家视野，出自 2017 年 1 月中共中央办公厅、国务院办公厅联合印发的《关于实施中华优秀传统文化传承发展工程的意见》，明确提出："规划建设一批国家文化公园，成为中华文化重要标识。"同年 5 月，中共中央办公厅、国务院办公厅联合印发的《国家

---

① 参见韩振峰：《理论自信在"四个自信"中的地位与作用》，《人民论坛》2017 年第 12 期。

"十三五"时期文化发展改革规划纲要》，再次强调：开展中华文化传承工作，依托长城、大运河、黄帝陵、孔府、卢沟桥等重大历史文化遗产，规划建设一批国家文化公园，形成中华文化重要标识。

经过两年的酝酿，2019 年 7 月 24 日国家文化公园建设迈出重要一步，正式从概念上升为国家行动。当天召开的中央全面深化改革委员会第九次会议审议通过《长城、大运河、长征国家文化公园建设方案》。会议指出，建设长城、大运河、长征国家文化公园，对坚定文化自信，彰显中华优秀传统文化的持久影响力、革命文化的强大感召力具有重要意义。为落实好国家战略部署，同年秋天，中共中央办公厅、国务院办公厅印发《长城、大运河、长征国家文化公园建设方案》，对长城、大运河、长征国家文化公园建设进行安排部署，明确了国家文化公园建设工作领导小组、国家文化公园建设工作领导小组办公室组建任务。自此，国家文化公园建设有了路线图、时间表，相关工作实现了落地纵深探索。随后，国家文化公园建设历经了两次扩容。第一次是在 2020 年 1 月 3 日召开的中央财经委第六次会议，明确"要实施黄河文化遗产系统保护工程，打造具有国际影响力的黄河文化旅游带，开展黄河文化宣传，大力弘扬黄河文化"。第二次是在 2021 年底，国家文化公园建设工作领导小组印发通知，部署启动长江国家文化公园建设。自此黄河、长江先后加入国家文化公园行列，长城、大运河、长征、黄河、长江五大国家文化公园体系初步成型，成为推动新时代文化繁荣发展的重大文化工程。

在国家文化公园纳入国家视野、落地为国家行动过程中，不断有专家学者、业界人士等从不同角度和视野，对国家文化公园进行理论结合实践的概括和凝练。虽然尚未形成统一的权威定义，但是国内学术界已经形成了四种代表性观点。这四种代表性观点的概念和外延区别性较大，但也存在一定联系性，既有不谋而合之处，也有和而不同之地。

第一种代表性观点认为，国家文化公园是国家公园的一个分支。

根据世界自然保护联盟（IUCN）的定义，国家公园是指主要用于生态系统保护及游憩活动的天然的陆地或海洋，指定用于为当代和后代保护一个或多个生态系统的完整性，排除任何形式的有损于该保护区管理目的的开发和占有行为，为民众提供精神、科学、教育、娱乐和游览的基地，用于生态系统保护及娱乐活动的保护区。[①] 这一定义，有利于保护具有代表性的典型地理区域的生态稳定性和多样性，实现可持续发展，并在尽可能维持自然状态条件下为游客提供精神的、教育的、文化的和娱乐的机会。

据此，参考国外关于国家公园的定义，结合我国当前关于国家公园、国家文化公园建设的政策要求和具体实践，李树信认为，国家文化公园是由国家批准设立并主导管理，以保护具有国家代表性的文物和文化资源，传承弘扬中华民族文化精神、文化信仰和价值观为主要目的，实施公园化管理经营的特定区域。[②]

第二种代表性观点认为，国家文化公园是一种主客共享的国际化公共产品和民族精神空间。

王克岭在《国家文化公园的理论探索与实践思考》一文中认为："国家文化公园是依托遗址遗迹和建筑与设施等人文旅游资源，具有代表性、延展性、非日常性主题，由国家主导生产的主客共享的国际化公共产品。需要指出的是，作为主客共享的国际化公共产品，我国首倡的国家文化公园是讲清楚中国的历史传统、文化积淀、基本国情和发展道路的精神空

---

① 参见吴承照：《保护地与国家公园的全球共识——2014 IUCN 世界公园大会综述》，《中国园林》2015 年第 11 期。

② 参见李树信：《国家文化公园的功能、价值及实现途径》，《中国经贸导刊》2021 年第 3 期。

间，是讲清楚中国人民的精神追求和国家发展目标的精神空间，也是将中国人民的命运和世界人民的命运联系起来，让中国特色社会主义核心价值观更具有认同感的精神空间。"①

第三种代表性观点认为，国家文化公园是一种文化区域和精神空间。

孙华认为，国家文化公园是国家一级政府基于保护国家重要文化资源、展示国家文化精华的目的，为了历史研究、文化传承、公众教育和人们休憩提供服务，依托重要的文化遗产，由国家划定、国家管理并全部或部分向公众开放的文化区域。这些权益明确且边界清晰的公共文化园区为全民所有或国家管控，由国家依照专门和相关法规设立专门机构实施管理，根据国家的意志和全民的利益进行规划和建设，最后服务于全民和全人类的非盈利性的公共文化事业机构、场所和文化产品。② 这种观点较好地借鉴了前两种定义，并聚焦公共产品属性的切口进行归纳定义，显得偏"实"一些。

第四种代表性观点认为，国家文化公园的内涵主要是脱胎于中央全面深化改革委员会会议审议通过的《长城、大运河、长征国家文化公园建设方案》相关表述精神。

围绕国家文化公园的"指导思想和建设原则"，《长城、大运河、长征国家文化公园建设方案》明确指出："国家文化公园是国家推进实施的重大文化工程，通过整合具有突出意义、重要影响、重大主题的文物和文化资源，实施公园化管理运营，实现保护传承利用、文化教育、公共服务、旅游观光、休闲娱乐、科学研究功能，形成具有特定开放空间的公共文化载体，集中打造中华文化重要标志，以进一步坚定文化自信，充分彰显中华优秀传统文化持久影响力、社会主义先进文化强大生命力。"

---

① 王克岭：《国家文化公园的理论探索与实践思考》，《企业经济》2021 年第 4 期。
② 参见孙华：《国家文化公园初论——概念、类型、特征与建设》，《中国文化遗产》2021 年第 5 期。

据此，聚焦国家文化公园的设立目的、所具功能和管理职能等三个方面，范周认为，国家文化公园是以保护、传承和弘扬具有国家或国际意义的文化资源、文化精神或价值观为主要目的，兼具爱国教育、科研实践、娱乐游憩和国际交流等文化服务功能，经国家有关部门认定、建立、扶持和监督管理的特定区域。①

显然，国家文化公园既有别于国家公园、国家森林公园、国家地质公园等偏重自然资源，是一项重大的文化工程，聚焦整合具有突出意义、重要影响、重大主题的文物和文化资源，凸显的是文化的本质属性和文化内涵的弘扬；也有别于国家文化遗产公园、国家考古遗址公园等偏重点状保护，是一个线性遗址的文化保护传承的实践和探索。

笔者认为，聚焦国家文化公园的概念内涵，应该从"国家性""文化形""公园型"三个维度进行深入审视。

首先，"国家性"主要表现为国家意志和国家行为，突出体现"保护好"的使命。

关于国家的起源，有多种说法，比如自然说、契约说、武力说、私有制说、氏族说等，其中，最具有代表性的有契约论、神权论、暴力论。近代以来，"国家"的组成要素更是一个重点研究领域。美国法学家凯尔逊在 1946 年出版的《法与国家的一般理论》中评论说："传统学说划分国家的要素——国家的领土、人民和权力。"② 在此之后，凯尔逊在 1952 年出版的《国际法原理》中进一步明确指出："传统学说把国家的三个要素概括为领土、人民和由一个独立的和有实效的政府行使的权力。"③ 这确立了

---

① 参见范周：《长城国家文化公园怎么建》，《光明日报》2019 年 10 月 9 日。
② ［美］凯尔逊：《法与国家的一般理论》，沈宗灵译，中国大百科全书出版社 1996 年版，第 233 页。
③ ［美］凯尔逊：《国际法原理》，王铁崖译，华夏出版社 1989 年版，第 172 页。

西方关于国家组成的经典"三要素说"。而中国著名国际法学家王铁崖则认为国际法中的"国家"概念应具备四个要素——定居的人民、确定的领土、政府、主权。①

国家管理机器代表国家行使主权，这是为了实现国家的任务和目的，或称国家活动的方向和作用。法国社会学者皮埃尔·布尔迪厄（Pierre Bourdieu）的"国家起源"（genesis of the state）理论，将"国家"这一概念延伸到了现代的日常生活空间中，并通过一系列活动来建构国家行为。国家通过具有表征性的活动来建构自己，这些表征性活动是国家空间扩张的一种表现形式。国家是一个具有隐形性的不可见的实体。国家虽然不可见，但是国家可以通过各种各样的活动来表征自己。这些表征活动将使国家根深蒂固地存在于人民的意识中。②在国家通过战略活动或者日常活动彰显存在价值、表征自己时，"国家性"就是一个重要的建构属性。

"国家性"必然要求国家文化公园是由国家设立、因其价值之高而必须由"国家在场"去推进守护的，成为一种意义深远的"国家象征"。对此，冷志明认为，"国家文化公园建设中的'国家在场'和'国家性'建构，体现国家意志和国家行为，凸显国家文化公园的'国家象征'"③；文孟君认为，"国家文化公园还需要在价值观和文化内涵等方面重视'国家性'的建构。也只有如此，才更能凸显国家文化公园的'国家象征'，传播其'国家品位'和'国家意味'，最终实现'国家认同'"④。

在国家意志方面，国家文化公园建设需要充分体现出国家的整体战略

---

① 参见王铁崖主编:《国际法》，法律出版社1995年版，第65—66页。
② 参见王艳雪、包智明:《国家建构视角下的村落景观变迁与生产》，《社会发展研究》2019年第3期。
③ 冷志明:《国家文化公园:线性文化遗产保护传承利用的创新性探索》，《中国旅游报》2021年6月2日。
④ 文孟君:《国家文化公园的"国家性"建构》，《中国文化报》2020年9月12日。

性和总体谋划，具有广泛群众认知基础并且成果为全民共享。国家文化公园建设过程中始终立足国家层面，必须跳出文化看文化、跳出公园看公园，牢牢扣住代表国家形象、彰显中华文明、体现民族精神等特点。只有扣住"国家性"，才能更加全面准确深刻地把握国家文化公园建设的时代价值。

在国家行为方面，建立"中央统筹、省负总责、市县抓落实"的工作机制，强化顶层设计、跨区域统筹协调，加强在政策制定、落实推进、资金筹措等方面的统筹力度，并积极为地方实践创造有利条件。

其次，"文化形"主要彰显了国家文化公园的文化属性和文化内涵，突出体现"传承好"的使命。

《周易·贲卦》有云："刚柔交错，天文也；文明以止，人文也。观乎天文，以察时变，观乎人文，以化成天下。"[1] 天文和人文在此成了一对区别明显又相辅相成的概念。天文是指天道自然，人文是指社会文化。治国大道必须观察天道自然的运行规律，又必须把握现实社会中的人伦文化，使人们的行为合乎文明礼仪和道德训诫，并由此"大化"天下。

英文的文化单词 Culture，源于拉丁文 Colere，原意指人类能力的培养及训练，使之超乎单纯的自然状态之上。至 17 世纪，这个概念的内涵有了很大扩展，而侧重指称一切经人为力量加诸自然物之上的成果。英国著名文化学家爱德华·泰勒是西方学者中在文化定义上具有重大影响的人。1871 年，在《原始文化》一书中他给"文化"下了经典定义："文化或文明，就其广泛的民族学意义来讲，是一复合整体，包括知识、信仰、艺术、道德、法律、习俗以及作为一个社会成员的人所习得的其他一切能

---

[1] 参见赵德忠主编：《周易全书》，北方文艺出版社 2016 年版，第 307 页。

力和习惯。"① 显然，这个定义是从人类学和民族学的角度出发，将文化解释为社会发展过程中人类创造物的总称，包括物质技术、社会规范和观念精神。

融合中外文化思想资源，毛泽东从历史唯物主义和辩证唯物主义视角出发，也给出"文化"的经典定义。毛泽东在《新民主主义论》中指出："一定的文化是一定社会的政治和经济在观念形态上的反映。"②

建设国家文化公园需要将"文化形"作为一种观念形态，予以反映社会的政治和经济，并进一步反作用于一定社会的政治与经济。这就要坚持社会主义核心价值观，深入挖掘文物和文化资源的精神内涵，使中华优秀传统文化与社会主义先进文化相得益彰，在共同促进中得到有力传承和发扬光大，并促进社会主义政治、经济、文化、社会等共同发展。

建设国家文化公园，其鲜明特色在于文化特色，突出功能在于文化功能。正如笔者在《建设好国家文化公园》一文中所言，文化是一个国家、一个民族的灵魂，其凝聚力源于对传统的保护，其生命力在于世代传承与不断发展。每一个时代都需要文化建设的精品力作。新时代，人民群众对文化供给"量的扩大"以及"质的提升"都有了新的要求，推进国家文化公园建设是满足文化需求的精准供给。国家文化公园的建设将展示最具有独特性、生命力、影响力和传播力的文化景观，人们在游览体验中感受文化、领悟文化，进而增强文化自信心和提升文化认同感，在心意相通里让文脉永续流淌。③

因此，建设国家文化公园不是大搞重复建设、大建楼堂馆所和贪大求

---

① ［英］爱德华·泰勒：《原始文化：神话、哲学、宗教、语言、艺术和习俗发展之研究（重译本）》，连树声译，广西师范大学出版社 2005 年版，第 37 页。
② 《毛泽东选集》第二卷，人民出版社 1991 年版，第 694 页。
③ 参见吴若山：《建设好国家文化公园》，《人民日报》2019 年 12 月 16 日。

洋，而是要深入挖掘并着力突出"万里长城""千年运河""两万五千里长征""九曲黄河""美丽长江"的文化内涵和时代价值，在中华民族伟大复兴的征程中充分发挥文化引领的作用，构成中华民族共同价值观，进一步彰显中华民族伟大创造精神、伟大奋斗精神、伟大团结精神。

需要指出的是，每个线性的国家文化公园都应该具有独立的文化品格和精神内涵。长城国家文化公园、大运河国家文化公园、长征国家文化公园、黄河国家文化公园、长江国家文化公园都需要也应该提炼出各自的主导性文化价值。这种提炼既需要展现中华文化的独特创造、价值理念和鲜明特色，也需要打通与现代社会的联系并实现民族性和世界性的融通。

再次，"公园型"主要体现了国家文化公园建设的操作模式和实施路径，是"利用好"的一种伟大探索。

显而易见，建设长城、大运河、长征、黄河、长江等国家文化公园不能简单地理解为传统意义上的长城保护。从公园属性来看，必须还要有景观性、开放性、参与性。

有日本研究者认为，公园是 19 世纪在西方产生的都市装置，是由西方思想制度孕育出的"文明的装置"。中国也好，日本也罢，历史上虽然有过很多大型的园林，但基本上都是为了专供王室、贵族或者达官贵人享用的，直到进入近代社会，中国帝制被推翻，皇家园林如颐和园等被开放供大众游览休憩，才有类似公园的概念出现。① 这种价值尺度下，公园并不仅仅是一个装置，它是都市的一种应有的姿态，是实现都市理想的一种制度，更是一种思想的体现。

中国第一个严格意义上的公园修建于 1905 年，由无锡民众筹资在无锡城中心原有几个私家小花园的基础上修建而成，取名为"公花园"。现

---

① ［日］白幡洋三郎：《近代都市公园史：欧化的源流》，李伟、南诚译，新星出版社2014 年版，第 38 页。

在公园里还有一块岩石上醒目地刻着"华夏第一公园"的题字。这所公园一百多年来始终坚持一个原则：不收门票，也不针对任何人设立门槛。

现代以来，对于"公园"逐渐形成了一个经典定义："公园是供公众游览、观赏、休憩、开展科学文化及锻炼身体等活动，有较完善的设施和良好的绿化环境的公共绿地。"①

在比较分析中，有学者还离析出"公园"和"私园"的差别："私园"属于私有财产，满足园主私人的愿望和要求，不提供或有条件提供公共服务。私园既包括了私家花园，也包括皇家园林、公署园林、寺观园林、行

▼ 华夏第一园

① 参见北京市园林局：《公园设计规范》，中国建筑工业出版社 2009 年版，第 4 页。

业园林，这些园林尽管有的具有部分公共属性，但属于特定群体所有，主要为特定群体服务，而不是为普罗大众提供公共服务。而"公园"则是国家范围内全民共有财产的组成部分，具有为全体社会成员提供公共服务的明确功能，且具有不从服务对象那里获取回报的非盈利性质。[①]毫无疑问，这里进一步印证了国家文化公园应该具有的开放性和参与性的属性和特点。因此，"公园型"要义之一就是需要坚持开放性，调动公众参与国家文化公园保护传承的积极性，使公众成为积极参与者和主要受益者，让其感受自然、生态、历史、文化之美。

公园类型的打造思路让国家文化公园建设有了着力的工作抓手，充分发挥公园的文化教育、公共服务、旅游观光、休闲娱乐、科学研究功能，形成具有游憩、观赏和教育属性的特定开放空间的公共文化载体。同时，国家文化公园在条件许可的情况下引入公园化运营管理思路，能够有效发挥市场机制作用，有利于提高国家文化公园的管理水平和运行效率，最终可以不断满足人民日益增长的美好生活需求。

整体而言，"国家性""文化形""公园型"分别呈现出的正是政治、文化、经济三大基础结构体系的共同作用。国家代表着顶层设计，体现了对国家文化公园建设的整体性发展战略和谋篇布局（政治层面）；文化代表着基本内涵，体现了对国家文化公园建设的精神导向和特色把握（文化层面）；公园代表着运营模式，体现了对国家文化公园的功能设计和操作路径选择（经济层面）。可以说，"国家性"、"文化形"更偏重价值观，"公园型"更偏重方法论。

因此，我们认为，国家文化公园是为了彰显国家价值存在、弘扬文化传统、实现全民共享，在特定时间和空间尺度下，融通"国家性""文化

---

① 参见孙华：《国家文化公园初论——概念、类型、特征与建设》，《中国文化遗产》2021 年第 5 期。

形""公园型"于一体的代表中华文化的重要标识地、线性文化遗产特定
区域。

当然，笔者也认为，新事物的理论归纳是一个逐渐生长的过程，需要
在深入实践中不断碰撞、验证，关于"国家文化公园"的定义是否需要统
一，可能并没有那么重要，重要的是对其核心价值、精神内涵、理念要义
与独特模式的坚守。

第二节　国家文化公园相关研究现状

截至 2023 年 8 月底，在中国知网数据库，以"国家文化公园"为篇
名检索词，总共检索得到 239 篇与国家文化公园相关的论文。相关研究从
2017 年开始有 2 篇，2018 年 1 篇，2019 年 8 篇，2020 年 29 篇，2021 年
59 篇，2022 年 67 篇，2023 年 1—8 月 73 篇，从 2018 年开始明显呈现逐
年递增的趋势。截至目前，关于国家文化公园的学术专著有三本，即《黄
河、长城、大运河、长征论纲》《读懂国家文化公园》和《国家文化公园
管理总论》。

首先是论文方面。

2017 年，有两篇论文值得一提，分别聚焦地方实践和宏观建构进行
理论观照和建设探讨，是国家文化公园研究的早期代表性研究论文。

浙江工商大学杭州商学院侯富儒 2017 年 4 月在《杭州》杂志发表
《打造最美国家文化公园群　推进世界名城建设》。文章指出，创造性落实
习近平总书记系列讲话精神，把绿道建设热与文化自信建设热有机融合起
来，以文化自信系列精粹点睛杭州三江二湖绿道，打造成为世界上最长、
最大、最美、最开放、最亲民的国家文化公园群，世界级生态文化旅游休

闲修学黄金绿道，是一个战略性突破口。

2017 年 10 月，中国艺术研究院文化产业研究中心程惠哲在《人民论坛》发表《从公共文化空间到国家文化公园 公共文化空间既要"好看"也要"好用"》一文。文章指出，要提升公共文化空间的品质，国家文化公园为其提供了一种全新的公共文化空间形态或模式。城市国家文化公园要在文化基因、文化标识、城市高度、城市形象等方面达到水准，把"好看"与"好用"结合起来。建立国家文化公园，已成为建设文化强国、美丽中国的迫切需求和必然趋势。

为什么在 2017 年出现了国家文化公园研究？显然这与相关政策引领是分不开的。2017 年 1 月，中共中央办公厅和国务院办公厅发布了《关于实施中华优秀传统文化传承发展工程的意见》，其中明确提出"规划建设一批国家文化公园，成为中华文化重要标识"，这也是相关概念首次提出。有些学者对国家文化公园建设进行摸索性探讨，但缺少了对其概念的内涵和外延的深入开掘。

2018 年由于国家文化公园自身还处于酝酿状态以及国家机构改革等多种因素，相关推进工作并没有实质开展，研究成果也寥寥无几。2019 年由于《长城、大运河、长征国家文化公园建设方案》出台，在政策端和需求端共同推动下，国家文化公园进入了建设探索期，相关研究的数量和质量都呈现了积极势头。2020 年、2021 年的研究处于明显上升期，并且热度还在进一步持续之中。

《易经·系辞》有云："形而下者谓之器，形而上者谓之道。"整体来看，国家文化公园的研究正是立足"道"和"器"两个层面深入推进的，既强调形而上层面，也强调形而下层面。具体而言，从研究领域来看，主要分为四大领域：一是立足理论探讨，聚焦国家文化公园的概念、类型、特色、源流、意蕴等；二是立足实践研究，聚焦国家文化公园的建设路径、运营模式、营造方法、产品开发等；三是立足政策解读，聚焦规划引领、法律法规、管理体制、圈层治理等；四是立足比较视野，对比分析国内外相关公园建设情况以及优劣得失等。

在理论探讨层面，连玉明的《重新审视长城国家文化公园的时代价值》，李飞、邹统钎的《论国家文化公园：逻辑、源流、意蕴》，龚道德的《国家文化公园概念的缘起与特质解读》，李江波等的《国家文化公园建设中的文化和传承研究》，是其中的代表作，集中探讨了国家文化公园概念的内涵、外延、源流以及价值、意义、作用等。

在实践研究层面，彭兆荣的《文化公园：一种工具理性的实践与实验》，吴殿廷等的《国家文化公园建设中的现实误区及改进途径》，窦文章的《长城国家文化公园怎么建》，邓宇琦等的《基于"苏州样板"启示的大运河国家文化公园建设着力点选择》，田林的《大运河国家文化公园景观的建构方法》，杜凡丁等的《讲好长征故事传承长征精神——长征国家文化公园建设保护体系的构建》，是其中的代表作，集中探讨了国家文化公园在实践层面的现状、成绩、问题、误区以及解决方案等。

在政策解读层面，付瑞红的《国家文化公园建设的"文化+"产业融合政策创新研究》，徐缘、侯丽艳的《长城国家文化公园管理体制探究》，刘晓峰等的《大运河国家文化公园省域管理体制探略》，孙嘉渊的《跨区域国家级文化工程机遇下区域经济发展对策研究——以长城国家文化公园为例》，是其中的代表作，集中探讨了管理体制机制、政策风向、政策落脚点、战略衔接等。

在比较分析层面，吴丽云等的《国家文化公园遴选标准的国际经验借鉴》，朱民阳的《借鉴国际经验建好大运河国家文化公园》，是其中的代表作，集中探讨了相关的国际经验、模式、路径及启示等。

其次是图书方面。

《黄河、长城、大运河、长征论纲》一书从黄河文化论纲、长城文化论纲、大运河文化论纲、长征文化论纲入手，聚焦"文化"层面展现四大国家文化公园所渗透出的中华文明的根与魂，较为深入地探讨四大国家文化公园的文化内涵、精神象征、意义作用、价值谱系、本体构建等。

《国家文化公园管理总论》一书从国家文化公园的目标体系、遴选标准、管理体制、利用机制、管理案例等入手，聚焦"管理"层面分析国家文化公园的发展模式和路径选择，较为深入地介绍国外的国家公园管理模式案例，并在创建办法、资金保障、经营机制、立法等方面对四大国家文化公园建设提出了一些对策与建议。

在国家文化公园建设如火如荼开展之际，理论界积极介入、勇于创新，在较短时间内产生一定数量和较高质量的研究成果，相关研究者付出了艰辛劳动和不懈努力，值得肯定。

第三节 国家文化公园建设的意义、价值及影响

建设国家文化公园，是深入贯彻落实习近平总书记关于保护好、利用好丰富文物和文化资源，让文物说话、让历史说话、让文化说话，推动中华优秀传统文化创造性转化、创新性发展、传承革命文化、发展先进文化等一系列重要指示精神的重要举措，是以习近平同志为核心的党中央作出的重大决策部署，是"十四五"时期国家深入推进的重大文化工程。

整体来看，建设国家文化公园是创新之举，也是为世界文化保护、传承和利用提供中国解决方案，体现了中国特色社会主义制度的优越性，能够有效地整合社会资源、集中力量办大事。

国家文化公园建设的纵深推进，具有重要的战略意义、时代价值和长

远影响，主要体现在五个方面。

第一，有利于增强民族自信心、激发群众爱国热情。

毛泽东同志说过："我们中华民族有同自己的敌人血战到底的气概，有在自力更生的基础上光复旧物的决心，有自立于世界民族之林的能力。"[①]这一经典判断充分展现了中华民族不屈不挠、自尊自爱的精神品格以及坚定的民族自信心。

长城国家文化公园、大运河国家文化公园、长征国家文化公园、黄河国家文化公园、长江国家文化公园等作为中华民族的代表性符号和中华文明的重要象征，正是这种民族精神品格的充分彰显，也是中国悠久历史和灿烂文明的价值坐标，凝聚了中华民族众志成城、坚韧不屈的爱国情怀，具有亘古通今的持久影响力。

在当今世界正处在百年未有之大变局和向第二个百年奋斗目标进军的历史交汇期，建设国家文化公园有利于进一步增强民族自信心，依凭伟大的民族精神象征和信仰信念，在千古时空的伟大连缀中，再现中华民族从古至今生生不息的精神根脉，进一步激发广大人民群众的爱国热情，构建新时代的"国家认同"，助力中华民族屹立于世界民族之林，实现中华民族的伟大复兴。

第二，有利于彰显优秀传统文化影响力、革命文化感召力、先进文化生命力。

文化是民族的血脉和灵魂。古往今来，一个国家、一个民族的强盛总是以文化兴盛为支撑的。回望我国五千多年文明史，文化兴盛始终是国家强盛的重要条件。展望世界发展趋势，文化越来越成为国际竞争的重要影响因素，文化软实力在国家综合国力中的地位和作用越来越重要。

---

① 《毛泽东选集》第一卷，人民出版社1991年版，第161页。

习近平总书记就指出："文化是一个国家、一个民族的灵魂。文化兴国运兴，文化强民族强。没有高度的文化自信，没有文化的繁荣兴盛，就没有中华民族伟大复兴。要坚持中国特色社会主义文化发展道路，激发全民族文化创新创造活力，建设社会主义文化强国。"①

大运河与长城一起被列为世界最宏伟的四大古代工程，是中国人民征服自然、改造自然的伟大创造，是中华民族不朽的历史文化的具象性承载，书写了优秀传统文化的张力和影响力；长征在中国革命史上具有崇高地位，反映了红色革命文化的强大感召力；黄河是中华民族的母亲河，根植于黄河流域的黄河文化更是中华文明中极具代表性和影响力的主体文化；长江是中国第一大河流，与黄河一同并称为中华民族的母亲河，是中华民族多元一体格局的标志性象征。

国家文化公园是彰显"中华文化自信"的重要标识。以长城、大运河、长征、黄河、长江沿线一系列主题明确、内涵清晰、影响突出的文物和文化资源为主干，生动呈现中华文化的独特创造、价值理念和鲜明特色，对于进一步坚定文化自信，充分彰显中华优秀传统文化持久影响力、革命文化强大感召力、社会主义先进文化强大生命力，将产生广泛而深远的影响。

同时，长城、大运河、长征、黄河、长江国家文化公园的深入建设，通过构建具有特定开放空间的公共文化载体，将流淌在中国人血液中、凝结在共同记忆里的传统文化和革命文化，以国家文化公园为载体展现出永恒的魅力，进一步提高国家文化软实力，助力于将我国建设成为社会主义文化强国。

第三，有助于培育和践行社会主义核心价值观。

---

① 习近平：《决胜全面建成小康社会　夺取新时代中国特色社会主义伟大胜利——在中国共产党第十九次全国代表大会上的报告》，人民出版社 2017 年版，第 40—41 页。

一个国家的核心价值观需要同伟大的民族历史传统相联系，需要同各自的民族和人民正在进行的奋斗相结合，需要同各自国家未来需要解决的问题相适应。因此，培育和践行社会主义核心价值观，既要同推进新时代中国特色社会主义事业的具体实践相契合，也要从中华优秀传统文化中不断汲取营养，还要在具体实践和文化理论的结合中实现纵深呈现。

我国社会主义核心价值观的内涵是"富强、民主、文明、和谐，自由、平等、公正、法治，爱国、敬业、诚信、友善"。其中，"富强、民主、文明、和谐"是我国社会主义现代化国家的建设目标，也是从价值目标层次对社会主义核心价值观基本理念的凝练，在社会主义核心价值观中居于最高层次；"自由、平等、公正、法治"是对美好社会的描述，也是从社会层面对社会主义核心价值观基本理念的凝练，反映了中国特色社会主义的基本属性；"爱国、敬业、诚信、友善"是从个人行为层面对社会主义核心价值观基本理念的呼应。

长城、大运河、长征、黄河、长江国家文化公园建设的持续深入推进，有利于积极培育和践行社会主义核心价值观，在具象化载体的建设实践中，在连接过去、现在和未来的时空印记中，将文明、和谐、爱国等社会主义核心价值观的精神内涵深植人心，并进一步引领社会审美思潮、凝聚社会共识。

第四，有助于向世界讲好中国故事。

人类文明因交流而多彩、因互鉴而丰富。长城、大运河、长征、黄河、长江等，是世界认识中国的"金名片"，是中国文化和世界文化交流互鉴的有效载体。因此，国家文化公园也是中国文化传播的重要渠道，承载国家对外文化交流的使命，肩负中国与世界各国对话、了解、认同、促进、融合的使命。

以长城、大运河、长征、黄河、长江为代表的国家文化公园体系的建设，把中国优秀传统文化建设落到实处，彰显文明古国的文化魅力和中国人民的智慧力量，推动中华文化现代化、国际化，让中华优秀传统文化拥有更多的传承载体、传播渠道，让世界能够听清、听懂中国声音，构筑社会主义文化强国国际话语权。

置于人类发展的历史长河中，长城、大运河、长征、黄河、长江等也是全人类共同的文化财富，值得全人类共同珍视和爱护。从大国担当和历史责任来看，建设国家文化公园更是站在守护全人类共同精神财富的高度的具体举措，这也有利于夯实人类命运共同体的人文基础。事实上，人类命运共同体不仅健康与共、安全与共、发展与共，而且人文与共、人心相通、文化相融，构建人文共同体是命运共同体的文化基础和文明纽带。不同文明没有高下、优劣之分，只有特色、地域之别，各种文明应该平等相待、对话交流、兼收并蓄、和而不同、开放包容，人类历史就是不同文明相互交流、互鉴、融合的历史过程。①

可以说，建设国家文化公园既是向世界讲好中国故事的需要，也是推动构建人类命运共同体的文化价值的需要。

第五，有助于推动文化和旅游深入融合发展。

每一个时代都需要文化建设的精品力作。新时代，人民群众对文化供给"量的扩大"以及"质的提升"都有了新的要求，推进国家文化公园建设是满足文化需求的精准供给。国家文化公园将"文化"整理出来，并将其具象化，以看得见、摸得着的形式展现出来，巧妙嵌入人们观赏、休闲、体验、健身、游憩的过程中，增强文化的存在感、传播力及影响力。文化和旅游的融合发展正成为文物保护、传承和利用的一种极其有效的手段。

---

① 参见颜晓峰：《在世界动荡变革期推动构建人类命运共同体》，《红旗文稿》2021年1月11日。

　　国家文化公园的建设将文物保护提高到了国家战略层面，实施综合保护利用，符合当前文物保护利用的客观规律，也有力推动了文化和旅游的深度融合。事实上，在一定的物理空间内，展示最有辨识度、生命力和传播力的文化景观，有利于体现文物保护、资源利用和文化传承的统一。人们将在游览中听到文化之声、看见文化之美、领悟文化之韵，在纵情山水之际增强文化自信心，在追忆往昔时提高文化认同感，在心意相通里让文脉永续流淌。

　　建设国家文化公园能够充分发挥文物的价值，在文化和旅游之间找到切入点、汇合点，将文物和公园有机结合起来，服务于满足人们对美好生活的向往。《长城、大运河、长征国家文化公园建设方案》的一个鲜明特色，就是注重处理好传承保护与合理开发之间的关系，既明确实施重大修缮保护项目、严防不恰当开发和过度商业化，又鼓励对优质文化旅游资源推进一体化开发，培育一批有竞争力的文旅企业。

| 第 二 章 |

国家文化公园的文化凝视

　　长城、大运河、长征、黄河、长江，凝聚着中华民族祖先的血汗、努力、智慧，彰显着先辈的艰辛奋斗历程，是中华民族文化的历史丰碑和智慧结晶，象征着中华民族的血脉相承和民族精神。

　　在对其进行历史文化梳理、分析和概括时，我们充分借用"凝视"（gaze）理论进行观照，以期建立一种文化凝视的建构视角。"凝视"理论是20世纪后半叶以来文化研究领域中的一个重要理论。萨特、拉康、福柯、吉登斯等学者从不同的角度对"凝视"进行了深入探讨。

　　具体来看，萨特对"凝视"的研究与存在主义的哲学思想紧密相连，视线确认了"我"与"他人"的存在。从某种意义上说，在看与被看的过程中，客体的意义、主体的意义、世界的意义才由此得以产生和确立。拉康对"凝视"的研究则表明，在复杂的"看"与历史审视的辩证法中，凝视是无处不在的，它既在主体身上，也来自客体，但无论如何，这种凝视与解构、建构有关。在萨特和拉康之后，福柯为凝视输入了新的思考维度。福柯知识考古学告诉我们，历史深处的凝视是视觉—知识—权力的三位一体，全景敞视主义则代表了现代社会中集体性规训审视已经成为生产性的力量，无处不在以至成为控制我们生活的常态。

　　结合萨特、拉康、福柯等人的研究，一般认为，自我的完形是通过观看、通过对镜像的凝视完成的。在主体对镜像的观看中，不仅有属于想象界的认同，还有属于象征界的他者认同。前者形成的是理想自我，后者形成的是自我理想；前者是对自己或与自己相似的他人形象的看，后者则是以他者的目光来看自己。因此，"凝视"导致了"看"的行为过程中产生复杂和多元的社会性、政治性关系。看与被看的行为建构了主体与对象、自我与他者，但在多重目光的交织中完成了历史审视、意义建构。①

显而易见，"凝视"理论为我们进行文化研究提供了新的批评范式和研究方法，具有丰富的理论适用性和批评实践能力。

我们认为，"文化凝视"是指聚焦文化的精神性、社会性、断代性、集合性、独特性等特质，基于时间和空间的依存关系，立足大历史观视野中的一种文化审视和剖析，透视文化保护传承的时代脉搏、空间迭代以及内在生成机理。

这种"文化凝视"对于当前纵深推进长城、大运河、长征、黄河、长江历史文化以及精神谱系研究具有重要意义。也正因为存在着多样化的凝视，研究才呈现出未竟、积极的态势。我们如何凝视，其答案将永远是开放的和多元的。

第一节 "万里长城"之文化凝视

"上下两千年，纵横十万里"。长城是中华民族的代表性符号和中华文明的重要象征，凝聚了中华民族自强不息的奋斗精神和众志成城、坚韧不屈的爱国情怀，在中华文明史和中华传统文化发展史上具有不可替代的重要价值与地位，同时它也是人类历史上宏伟壮丽的建筑奇迹和无与伦比的历史文化景观，具有坚定中华民族文化自信的历史文化价值、展现古代军事防御体系的建筑遗产价值以及人与自然融合互动的文化景观价值。

---

① 参见吴琼：《他者的凝视》，《文艺研究》2010 年第 4 期。

一、长城的时空考察和文化观照

长城不仅是中国也是世界上修建时间最长、工程量最大的一项古代防御工程，同时是人类文明史上影响深远的伟大建筑工程。长城并不是一道单纯孤立的城墙，而是以城墙为主体，同大量的城、障、亭、标相结合的防御体系。2012 年国家文物局宣布，中国历代长城总长度为 21196.18 千米。

从时间上看，长城的修建持续了两千多年。根据历史记载，长城修筑的历史可上溯到西周时期，至明代共有 20 多个诸侯国和封建王朝修筑过长城，其中秦、汉、明三个朝代长城的长度都超过了 5000 千米。

具体来看，西周时期，周王朝为了防御北方游牧民族的袭击，曾筑连续排列的城堡"列城"以作防御。春秋战国时期，列国为了争霸，根据各自的防守需要在边境上修筑起长城，此后历代君主几乎都加固增修，长城修筑进入第一个高潮。这一时期的长城，史称"先秦长城"。这一时期的长城根据防御对象，大致可分为北长城和南长城。北长城是秦、赵、燕三国为了抵御北方少数民族的侵略和掳掠，先后在北部修筑长城；南长城主要以楚、齐、魏、韩、中山国等为代表，主要目的是为了抵御其他诸侯国的进攻。这一时期长城的特点是东、南、西、北方向各不相同，长度较短，从几百千米到一两千千米不等，其主要功能就是防御外敌。这一点在《史记·楚世家》就有印证："齐宣王乘山岭之上，筑长城，东至海，西至济州，千余里，以备楚。"① 这也是目前所见使用"长城"通俗称谓的最早记载。

秦灭六国统一天下后，建立了中国历史上第一个统一的多民族的中央

---

① （汉）司马迁：《史记·楚世家》，作家出版社 2017 年版，第 102 页。

集权制王朝。为了巩固大一统局面和帝国战略安全，秦始皇采取了一系列推动国防建设的战略措施，大规模连接和修缮战国长城就是重要措施之一。秦始皇三十二年（前215年），大将蒙恬率30万大军北击匈奴，取河南地（今内蒙古境内位于黄河干流以南的河套地区），其后筑起"西起临洮（今甘肃岷县），东至辽东（今辽宁省），蜿蜒一万余里"的长城。① 自秦始皇筑长城之后，始有万里长城之称。

据记载，秦始皇使用了近百万劳动力修筑长城，占当时全国总人口的1/20。秦长城不仅在构筑方法上有自己的风格，而且在防御设施的建置上也有一定的特色，以石筑见称。

自秦始皇以后，凡是统治着中原地区的朝代，几乎都要修筑长城。汉、晋、北魏、东魏、西魏、北齐、北周、隋、唐、宋、辽、金、元、明、清等十多个朝代，都不同规模地修筑过长城。

其中，汉代长城、明代长城尤值一提。汉初，由于长城年久失修，北方的守军又少，匈奴因此不断进入长城以内掳掠。汉代统治者及时发现这一问题，于是继续修建长城。特别是在汉武帝时期，连续发动多次对匈奴的战争，将其驱逐至漠北，修复了蒙恬所筑秦长城，又修建了外长城，筑成了一条西起大宛贰师城、东至黑龙江北岸，全长近一万千米的长城，古丝绸之路有一半的路程就沿着这条长城。到了明代，为了防御鞑靼、瓦剌的侵扰，从没间断过长城的修建，从洪武至万历，其间经过20次大规模的修建，筑起了一条西起甘肃嘉峪关、东到辽东虎山，全长6350千米的边墙。如今所见长城，大多是明长城。

从空间上看，长城主要分布在河北、北京、天津、山西、陕西、甘肃、内蒙古、黑龙江、吉林、辽宁、山东、河南、青海、宁夏、新疆这

① （汉）司马迁：《史记·秦始皇本纪》，作家出版社2017年版，第79页。

15 个省（自治区、直辖市），其中河北和陕西省内的长城资源最多。

从修筑长城的民族贡献来看，除汉族之外，一些少数民族统治中国的朝代也在积极修筑长城，而且修筑得比汉族统治的朝代还多。清康熙时期，虽然停止了大规模的长城修筑，但后来也曾在个别地方修筑了长城，可以说自春秋战国时期开始到清代的 2000 多年一直没有停止过修筑。对此，有学者认为，"自秦始皇以后，历代统治中国或中原地区的朝代为了保卫国家的安全，大多修筑长城，其中尤以各少数民族入主中原的朝代为多，计有北魏、东魏、北齐、北周、辽、金、元、清各朝，都大小不同地修筑长城，有些朝代修建规模甚大，如金长城其长度近万里，为长城修筑史上重大的一次。而汉族大修长城的仅汉、隋、明等朝代，远远少于少数民族修筑长城的朝代"①。

关于长城的历史地位、功过是非，历来众说纷纭，褒之者甚多，亦不乏贬之者。对此，著名长城研究专家罗哲文曾经做过系统梳理。罗哲文总结，关于长城的功过与作用问题，主要集中在两个方面：主张修长城者，认为它是安定边疆、保卫国家安全和人民生命财产之必需的代表人物有汉文帝、桑弘羊、刘向、隋炀帝、唐太宗、杜甫、赵秉文等；认为长城无用、劳民伤财者有武臣、贾山、刘安、陈琳、贯休、郑震、李东阳、康熙帝、乾隆帝等。此外还有主张长城有功当代、但不施仁政则国仍不保者，有贾谊、司马迁等。历史上所有的论争大都处在当时的历史条件下。统治者更是出于统治的需要和策略，如清朝康熙帝、乾隆帝虽然口称"在德不在险"，但实际上仍然在加强武备，采取软硬兼施的两手政策，而且也修缮或增筑了一些长城关隘。②

近代以来，孙中山先生站在大历史观的高度做过较为客观的评价。

① 罗哲文:《长城史话》，北京出版社 2018 年版，第 46 页。
② 参见罗哲文:《万里长城的历史兴衰与辉煌再创》，《群言》2002 年第 4 期。

他在《建国方略》中说："中国最有名之陆地工程者，万里长城也……工程之大，古无其匹，为世界独一之奇观……秦始皇虽以一世之雄，并吞六国，统一中原……为一劳永逸计，莫善于设长城以御之。始皇虽无道，而长城之有功于后世，实与大禹之治水等。"① 这一论断对其后不少学者、专家产生了影响，从历史贡献角度客观评价了长城的地位和影响力。

二、新中国成立以来的长城保护传承

新中国成立以后，对长城的保护传承极为重视。

从 1950 年开始，在中央人民政府和主管部门所发布的文物保护命令、指示、条例中都把长城作为重点项目之列，并派出专家学者对长城进行考察和重点的考古清理与发掘，出土了大批简牍文书和珍贵文物。

1952 年，中国政府组织开展了居庸关、八达岭和山海关长城维修工程，这是新中国第一批长城保护维修工程。

1956 年实施的首次全国文物普查中，北京、河北、甘肃、宁夏等地将明长城作为调查重点。

1961 年，国务院公布了第一批全国重点文物保护单位，其中三处涉及长城遗址——山海关、八达岭、嘉峪关。在 1982 年公布的第二批全国重点文物保护单位、1988 年公布的第三批全国重点文物保护单位中，玉门关及长城烽燧、居延(烽燧、塞墙)、金山岭长城、兴城城墙(宁远卫城)等长城重点地段、关城、卫城成功入选。

1987 年，由于长城的巨大影响力以及中国政府的积极保护宣传，长

---

① 张苹、张磊：《孙文学说：构建近代中国的理论先导》，山西人民出版社 2015 年版，第 67 页。

城被联合国教科文组织列入《世界遗产名录》。此后，中国政府始终坚持认真履行《保护世界文化和自然遗产公约》，不断加强长城保护专项法规建设。

2003年，文化部、国家文物局、公安部、国土资源部、建设部、国家环境保护总局、国家旅游局等联合印发《关于进一步加强长城保护管理工作的通知》，要求各级政府认真贯彻"保护为主，抢救第一，合理利用，加强管理"的文物工作方针，把长城保护、管理和利用工作统一纳入本级政府国民经济和社会发展规划，纳入城乡规划，保护工作所需经费列入本级政府财政预算；建立健全保护长城领导责任制，加强对长城保护工作的领导；要把保护长城的职责层层分解，一直落实到沿线的各县、乡（镇）政府及村民委员会；加强宣传，积极动员广大人民群众投身到保护长城的活动中来。

2006年9月20日，《长城保护条例》经国务院第150次常务会议通过，在此后的推行落地中起到了加强对长城的保护、规范长城的利用行为的作用。值得注意的是，这里的"长城"保护已经包括长城的墙体、城堡、关隘、烽火台、敌楼等。更重要的是，《长城保护条例》确立了"科学规划、原状保护"的原则和"整体保护、分段管理"的要求。同年，经国务院同意，国家文物局组织长城沿线各地开展了自新中国成立以来最为全面、系统的长城资源调查工作。

2011年，国家文物局基本完成明长城"四有"工作，根据长城资源调查和认定工作成果，针对长城及其保护管理工作特点，通过对长城的保护范围、标志说明、记录档案和保护机构四个方面提出工作指导意见，明确长城保护管理责任和工作原则，为长城沿线各地开展长城保护管理工作提供指导。

2012年，国家文物局完成长城量测和数据公布。根据认定结论，我国各时代长城资源分布于中国 15 个省（自治区、直辖市）404 个县（市、区）。各类长城资源遗存总数 43721 处（座/段），其中，墙体 10051 段，壕堑/界壕 1764 段，单体建筑 29510 座，关、堡 2211 座，其他遗存 185 处，墙壕遗存总长度 21196.18 千米。

此后，国家文物局陆续批复了一系列关于长城的保护方案、修缮工程方案等。

2019 年 1 月 22 日，文化和旅游部、国家文物局联合印发《长城保护总体规划》（以下简称《规划》），《规划》明确了长城保护的重点是秦汉长城和明长城，实施期限为 2019—2035 年，其中，部分明长城作为"长城抗战"的物质见证，是中华民族的精神象征。《长城保护总体规划》阐释了长城价值和长城精神，强调了长城文化景观的特性，提出《规划》核心是长城价值的保护展示，《规划》目标是长城精神、抗战精神、长征精神的传承弘扬。《规划》明确了长城保护传承利用相关工作原则、目标、内容及管理要求。

值得一提的是，除了深厚的历史文化意义，长城还有极高的旅游观光价值。现在经过精心保护性开发修复，山海关、居庸关、八达岭、司马台、慕田峪、嘉峪关、金山岭、九门口、镇北台等处已成为驰名中外的旅游胜地。2016 年 12 月，国家文物局发布了《中国长城保护报告》，指出：截至 2016 年底，全国以长城展示或依托长城兴建的参观游览区 92 处，其中以长城展示为核心的专门景区 45 处，长城专题博物馆、陈列馆 8 家，山海关、八达岭、慕田峪、嘉峪关等成为长城旅游代表性景区。

恰如有论者所言，相较于西方人眼中的长城，中国语境下的长城意象复杂且深刻得多。当我们将目光聚焦于当代，就会发现文化符号意义上的长城，早已以语词和图像形式浸入中国人日常的方方面面。实体的长城遗产和长城意象构成了长城文化的内涵和外延。①

第二节　"千年大运河"之文化凝视

"江南北国脉相牵，隋代千年水潋滟。"如果说长城是中华民族坚挺的脊梁，那么大运河就是流动的血脉，是沟通南北交流的纽带，是一部书写在华夏大地上的宏伟诗篇。同时，大运河作为祖先留给我们的宝贵财富，是中华民族繁荣兴盛的历史见证，也是中华民族文化基因和中国特色社会主义文化的优质载体。

一、大运河的时空考察和文化观照

大运河是中国古代劳动人民创造的一项伟大的水利建筑，是世界上开凿年代最早、空间跨度最大、使用时间最长的人工运河。同时，大运河也是世界上唯一一个为确保粮食运输（"漕运"）安全，以达到稳定政权、维持帝国统一的目的，由国家投资开凿和管理的巨大工程体系。它是解决中国南北社会和自然资源不平衡的重要措施，以世所罕见的时间与空间尺度，展现了农业文明时期人工运河发展的悠久历史，代表了工业革命前水利水运工程的杰出成就。

从空间尺度上审视，大运河全长约3200千米，包括隋唐大运河、京杭大运河、浙东运河三部分，通惠河、北运河、南运河、会通河、中（运）河、淮扬运河、江南运河、浙东运河、永济渠（卫河）、通济渠（汴河）

---

① 参见韩子勇主编：《黄河、长城、大运河、长征论纲》，文化艺术出版社2021年版，第88页。

10 个河段，通达海河、黄河、淮河、长江、钱塘江五大水系，是中国古代南北交通名副其实的大动脉。

从时间尺度上审视，大运河始建于公元前 486 年，距今已有 2500 多年历史。从时间线性的标志性节点来审视，公元前 5 世纪进行开凿，7 世纪完成第一次全线贯通，13 世纪完成第二次大贯通。

具体而言，公元前 486 年，吴王夫差为了争霸中原，利用长江三角洲的天然河湖港汊，疏通了古水道，开凿了邗沟，一部恢宏磅礴的运河史由此开篇。邗沟沟通了长江、淮河两大河流，成为隋唐大运河最早修建的一段。而扬州、淮安两座历史文化名城因邗沟的开凿而诞生。与此同时，越王勾践开凿山阴故水道，成为浙东运河的前身。

此后，秦朝在湘桂之间开凿灵渠，以通漕运。汉朝开凿了槽渠，由长安引渭水入渠，沿南山山脚，一直通到黄河。魏晋南北朝时期，开凿了一些地方性运河，对后来隋唐大运河的开通起了积极作用。

在历代开凿基础上，隋朝进行了开创性的串联工作，将若干人工运河与天然河流连接起来，大力开通永济渠和通济渠，逐步形成以北京和杭州为起始点，以洛阳为中心，沟通海河、黄河、淮河、长江、钱塘江五大水系的水运大动脉。唐朝对隋唐大运河又进行了艰苦不懈的疏浚、修整和开凿。至此，隋唐大运河正式形成。

值得一提的是，隋朝开凿大运河的历史功过一直争论不休。我们认为，从大历史观上看，隋朝开凿大运河有利于加强南方地区的经济建设，贯通南北交通实现互补，推动形成全国大一统的格局。中国古代很长一段时间，经济中心都是在黄河一带，北方体现着先进生产力以及优于南方的经济发展水平。但是经过魏晋南北朝的征伐混战，北方经济遭受严重冲击，南方反而发展起来，隋唐大运河有效勾连了南方和北方。但是开凿运河确实也带来了沉重的徭役负担，并导致阶级矛盾激化。

元代之后，随着北京成为国家政治中心，大运河的航运目的地也由洛阳转移到北京，并进一步北移。隋唐大运河被"截弯取直"，济州河和会通河开凿而成后，又修建通惠河，全长约 1800 千米的京杭大运河全线贯通。至此，构成了以大运河为中心，地跨北京、天津、河北、山东、河南、安徽、江苏、浙江等 8 省（市）20 多座城市的水上交通网。

特别是明清两代，高度重视运河漕运，设置漕运总督和河道总督，分别掌管运河漕运管理和运河水利管理。运河沿线的城市也因漕运而繁荣，北方的天津、德州、沧州、临清等城市迅速发展起来，东南地区的淮安、扬州、苏州、杭州也成为繁华的都市，并称为运河沿线"四大都市""东南四都"。

中国道家哲学对于水的推崇，可以鲜明体现在"上善若水"的哲学意蕴之中。中华民族围绕水所进行的生存斗争，既发展出丰富的治水经验，更善于利用水为国计民生服务。有论者认为，因运相连，承上启下，大运河水道载着物产运转起来，人流顺着运河通行南北，文化随着运河沿途传播，自然与人文交融、相得益彰。大运河通过运粮、运盐、运货、运兵、运商、运客，促进南北人员物资统一调配，促进各地经济协调发展和文化交流融合，维护中央集权统治的社会秩序。[1]

二、大运河的 8 年申遗路

从 2006 年国家作出大运河申遗的决定，到申遗成功，中国大运河申遗经过了 8 年努力。这 8 年时间，见证了跨区域的线性文化遗产保护的一路探索和奋斗。因此，有必要对这一历程进行复盘，筚路蓝缕，以启

---

[1]　参见韩子勇主编:《黄河、长城、大运河、长征论纲》，文化艺术出版社 2021 年版，第 100 页。

01 2006年

申遗工作正式启动

国家文物局公布了我国重新设定的《中国世界文化遗产预备名单》,将大运河列入其中。

02 2007年9月

成立申遗办公室

"大运河联合申报世界文化遗产办公室"在扬州挂牌成立,扬州作为申遗的牵头城市。

03 2008年3月

转为多城联合申报

国家文物局在扬州召开大运河保护与申遗第一次工作会议,决定以城市联盟的形式整体联合申报世界文化遗产,并将"京杭大运河申遗"改称为"中国大运河申遗"。

04 2009年4月

建立省部协调机制

8个省市和13个部委联合组成大运河保护和申遗省部际会商小组,正式建立省部协调机制,大运河申遗上升为国家行动。

05 2011年4月

公布申遗预备名单

大运河保护和申遗工作会议在扬州召开,公布了大运河申遗预备名单,包括了8个省35个城市的132个遗产点和43段河道。

06 2012年9月

报送申报文本初稿

申报文本初稿报送联合国教科文组织世界遗产中心预审。

07 2013年

完成最终申报文本及现场评估

国家文物局正式确定了首批申遗点段。中国文化遗产研究院完成大运河最终申报文本,联合国教科文组织世界遗产中心的国际专家正式完成对中国大运河全线132个遗产点和43段河道的现场评估。

08 2014年6月

列入《世界遗产名录》

2014年6月22日,第38届世界遗产大会通过投票表决的方式,决定将中国大运河列入《世界遗产名录》。

▲ 大运河申遗之路

山林。

8 年间，各个方面做了大量扎实而深入的推动工作，有些事件是具有标志性意义的，值得梳理出重点线索，再现重要的历史节点。

2006 年全国政协十届四次会议期间，58 名政协委员联名提交提案，提出京杭大运河应申请加入世界文化遗产名录。2006 年底，国家文物局公布了我国重新设定的《中国世界文化遗产预备名单》，将大运河列入其中。就此，大运河申报世界文化遗产工作正式启动。

2007 年 9 月，"大运河联合申报世界文化遗产办公室"在扬州挂牌成立，扬州作为申遗的牵头城市。

2008 年 3 月，国家文物局在扬州召开大运河保护与申遗第一次工作会议，决定以城市联盟的形式整体联合申报世界文化遗产，并将"京杭大运河申遗"改称为"中国大运河申遗"。

2009 年 4 月，8 个省市和 13 个部委联合组成大运河保护和申遗省部际会商小组，正式建立省部协调机制，大运河申遗上升为国家行动。

2011 年 4 月，大运河保护和申遗工作会议在扬州召开，公布了大运河申遗预备名单，包括了 8 个省 35 个城市的 132 个遗产点和 43 段河道。

2012 年 9 月，申报文本初稿报送联合国教科文组织世界遗产中心预审。

2013 年，国家文物局正式确定了首批申遗点段。中国文化遗产研究院完成大运河最终申报文本，联合国教科文组织世界遗产中心的国际专家正式完成对中国大运河全线 132 个遗产点和 43 段河道的现场评估。

2014 年 6 月 22 日，第 38 届世界遗产大会通过投票表决的方式，决定将中国大运河列入《世界遗产名录》。

第三节 "万里长征"之文化凝视

"红军不怕远征难,万水千山只等闲"。长征的胜利,宣告了中国共产党和红军肩负着民族希望胜利实现了北上抗日的战略转移,实现了中国共产党和中国革命事业从挫折走向胜利的伟大转折,开启了中国共产党为实现民族独立、人民解放而斗争的新的伟大征程。从历史角度去审视,长征是中国共产党和红军谱写的壮丽史诗,是中华民族伟大复兴历史进程中的巍峨丰碑,是人类历史上无与伦比的伟大壮举。

▲ 长征

一、长征的时空考察和文化观照

从 1934 年 10 月至 1936 年 10 月,中国共产党领导的中国工农红军第一、第二、第四方面军和第二十五军陆续从长江南北各革命根据地向陕甘地区进行战略大转移。长征途中，英勇的红军书写了一部可歌可泣的伟大史诗，血战湘江，四渡赤水，巧渡金沙江，强渡大渡河，飞夺泸定桥，鏖战独树镇，勇克包座，转战乌蒙山，击退上百万穷凶极恶的追兵阻敌，征服空气稀薄的冰山雪岭，穿越渺无人烟的沼泽草地。在红一方面军二万五千里的征途上，平均每 300 米就有一名战士牺牲。长征途中，红军与重兵"围剿"的敌人作战，先后进行了 600 余次重要战斗，平均 3 天就发生一次激烈的大战，平均每天急行军 50 千米以上。这场惊心动魄的远征，历时之长，行程之远，敌我力量之悬殊，自然环境之恶劣，在人类战争史上是罕见的。

从阶段特点来看，一般认为，长征大致可以分为六个阶段：长征准备阶段、长征失利阶段、长征转折阶段、坚持北上和南下分裂阶段、发展巩固和南下受挫阶段、大会师阶段。

可以说，长征的胜利是中国革命转危为安的关键。它表明，中国共产党及其领导的中国工农红军具有战胜任何困难的无比顽强的生命力，是一支不可战胜的力量。长征中红军所表现出来的坚定的共产主义理想、革命必胜的信念、艰苦奋斗的精神和一往无前、不怕牺牲的英雄气概，构成了伟大的长征精神，成为激励共产党人和人民军队胜利前进的强大动力。

二、"长征精神"的基本内涵

红军长征是 20 世纪最能影响世界前途的重要事件之一，是充满理想和献身精神、用意志和勇气谱写的人类史诗。长征迸发出的激荡人心的强大力量，跨越时空，跨越民族，是人类为追求真理和光明而不懈努力的伟大史诗。长征精神是革命文化的重要组成部分，长征承载着中华民族深沉厚重的文化积淀，蕴含着悠远绵长的文化基因，已深深融入中华民族的血脉和灵魂，具有穿越时空的强大感召力。每每提到"两万五千里长征"，都能使人油然而生强烈的民族自豪感和光荣感，激扬起为祖国富强、为民族复兴而奋斗的强大力量。

关于长征的重大意义，毛泽东在《论反对日本帝国主义的策略》一文中曾这样评价："讲到长征，请问有什么意义呢？我们说，长征是历史纪录上的第一次，长征是宣言书，长征是宣传队，长征是播种机。自从盘古开天地，三皇五帝到于今，历史上曾经有过我们这样的长征吗？十二个月光阴中间，天上每日几十架飞机侦察轰炸，地下几十万大军围追堵截，路上遇着了说不尽的艰难险阻，我们却开动了每人的两只脚，长驱二万余里，纵横十一个省。请问历史上曾有过我们这样的长征吗？没有，从来没有的。"①

长征是一次理想信念的伟大远征，是一次检验真理的伟大远征，是一次唤醒民众的伟大远征，是一次开创新局的伟大远征。伟大的长征铸就了伟大的长征精神，是长征留给我们最可贵的精神财富。

对于"长征精神"，习近平总书记指出，伟大长征精神，就是把全国人民和中华民族的根本利益看得高于一切，坚定革命的理想和信念，坚信正义事业必然胜利的精神；就是为了救国救民，不怕任何艰难险阻，不惜付出一切牺牲的精神；就是坚持独立自主、实事求是，一切从实际出发的精神；就是顾全大局、严守纪律、紧密团结的精神；就是紧紧依靠人民群众，同人民群众生死相依、患难与共、艰苦奋斗的精神。②

习近平总书记的这一重要论断，高屋建瓴地指出了长征精神的基本内涵和核心要素。"理想信念""救国救民""不怕牺牲""实事求是""紧密团结"等都是其中重要的关键词。

---

① 《毛泽东选集》第一卷，人民出版社 1991 年版，第 149—150 页。
② 参见《习近平谈治国理政》第二卷，外文出版社 2017 年版，第 47 页。

整体来看，"长征精神"的基本内涵包括五大方面：一是全国人民和中华民族的根本利益高于一切、坚定的革命理想和信念是"长征精神"的首要元素。长征精神承载着民族担当，中国共产党抓住有利时机，将革命战略转移同民族利益紧紧联系在一起，通过多种渠道与国民党接触共图合作抗日，北上陕北就是进军抗日前沿阵地；坚定理想信念始终是中国共产党的一大政治优势，经过长征的检验，更是成为中国共产党人和中华民族的宝贵精神财富。二是一不怕苦、二不怕死是"长征精神"的本质。长征路上，党和红军面临艰苦卓绝的斗争，外有数十万敌军日夜追赶，内有错误路线干扰。最终红军不仅走出了绝境，而且用鲜血和生命谱写了团结战斗的光辉篇章，开辟了新战场。三是独立自主、实事求是"长征精神"的特色。长征路上，每一次对错误路线的纠正，每一个战略方向的调整，每一项战略任务的确定，每一次战斗胜利的取得，都是坚持独立自主、实事求是的结果。四是顾全大局、紧密团结是"长征精神"的体现。长征路上，红军的团结精神不仅体现在军内，而且体现在民族大团结上，中国共产党和红军的系列民族政策措施的提出和实施，得到各少数民族的真心支持，扩大了党的民族团结政策的影响。长征的胜利是红军团结一致、众志成城的胜利，也是红军和各族人民的共同胜利。五是与人民群众同生死、共患难是"长征精神"的内核。长征路上，红军一切为了群众，又紧紧依靠群众，而人民群众也不惜用生命、财产、热情来拥戴红军。①

2021年9月，党中央批准了中央宣传部梳理的第一批纳入中国共产党人精神谱系的伟大精神，"长征精神"被纳入其中。

可以说，"长征精神"是中国共产党人和人民军队革命风范的生动反映，是中华民族自强不息的民族品格的集中展示，是以爱国主义为核心的

① 参见江伟：《长征精神的五大要素和时代价值》，见中国共产党新闻网2016年10月20日。

民族精神的最高体现。长征精神为中国革命不断从胜利走向胜利提供了强大精神动力。

走过千山万水，仍需跋山涉水。每一代人有每一代人的长征路，每一代人都要走好自己的长征路。当今正面临百年未有之大变局，继承和发扬"长征精神"，对于建设有中国特色的社会主义，增强道路自信、理论自信、制度自信、文化自信，实现中华民族伟大复兴的强国梦，具有重大意义。

第四节 "九曲黄河"之文化凝视

"九曲黄河万里沙，浪淘风簸自天涯。"黄河流域是中华文明最主要的发源地，黄河文化是中华文化的根和魂，筑牢了中华民族共同体的精神纽带，也开创了世界农耕文明的先河。

▲ 黄河

　　之所以说黄河流域是中华文明最主要的发源地、黄河文化是中华文化的根和魂，是有着可靠的大数据支撑的。根据第三次全国文物普查，黄河流域9个省（区）共有不可移动文物30余万处，占全国的39.73%。目前，黄河干支流所流经的69个市（州）共有不可移动文物约16.8万处，包括全国重点文物保护单位1451处，省级文物保护单位4221处，市县级文物保护单位26476处，登记博物馆1325处，世界文化遗产11处，世界文化和自然混合遗产1处，世界灌溉工程遗产3处，全球重要农业文化遗产3处，中国重要农业文化遗产19处，以及国家历史文化名城16处，中国历史文化名镇29处，中国历史文化名村91处，中国传统村落678处。

一、黄河的时空考察和文化观照

　　黄河是位于中国北方地区的大河，全长约5464千米，流域面积约752443平方千米。黄河是中华文明最主要的发源地，也是中华民族的母亲河。

　　从地理概貌上看，黄河北源发源于青藏高原的巴颜喀拉山脉支脉查哈西拉山南麓的扎曲，南源发源于巴颜喀拉山支脉各姿各雅山北麓的卡日曲，西源发源于星宿海西的约古宗列曲。黄河流域的地势西高东低，呈"几"字形，自西向东横跨青藏高原、内蒙古高原、黄土高原和黄淮海平原四个地貌单元，分别流经青海、四川、甘肃、宁夏、内蒙古、陕西、山西、河南及山东9个省（自治区），最后流入渤海。黄河中上游以山地为主，中下游以平原、丘陵为主，沿途有高山、草原、湿地、冰川、峡谷、平原等各种景观类型。由于河流中段流经中国黄土高原地区，因此夹带了大量的泥沙，所以也被称为世界上含沙量最多的河流。

　　从历史文化上看，根据山西省芮城县境内黄河东岸西侯度遗址发现的 180 万年前远古人类用过的石器，可以推测，早在 180 万年以前，黄河流域已有了人类活动。西侯度遗址出土了 30 余件石制品，是我国早期猿人阶段文化遗存的典型代表之一。黄河流域具有丰富的史前文化，并且在我国 5000 年文明史上，黄河流域有 3000 多年是全国政治、经济、文化中心，尤其是中原地区长期存在一种稳定的先进文化氛围。在中国乃至世界的文化史上，有着光辉灿烂的功绩，孕育了河湟、河洛、关中、齐鲁等农耕文化。从线性历史观来看，在各民族的逐渐融合过程中，不断传播、吸收黄河流域的文化，也不断丰富和发展黄河文化。无论在古代科学技术体系的奠基时期——春秋战国、古代科学技术体系的形成时期——秦汉，还是古代科学技术发展的高峰时期——隋唐北宋，黄河文化都有着极重要的地位。北宋以后，全国的经济重心逐渐向南方转移，但是在中国政治、经济、文化发展的进程中，黄河流域及黄河下游平原地区仍处于重要地位；同时，由它所形成的先进的文化科学技术，随着人口的不断南迁而传播到南方，促进了南方经济文化的繁荣。

整体而观，黄河流域开创了世界农耕文明先河，诞生了"四大发明"，还发展了影响深远的天文、历法、数理、农学、医学、水利等。从甲骨文、青铜器、早期人类遗址，到先秦百家、两汉经学、诗词歌赋，无不印让着灿若明珠的黄河文化。中国历史上的"七大古都"，在黄河流域和近邻地区的有安阳、西安、洛阳、开封。可以说，黄河文化是中华民族坚定文化自信的重要根基，也是筑牢中华民族共同体的精神纽带。对此，曹兵武就认为，一部黄河文化史，蕴藏着开放、包容、持续的中华文明形成的密码，体现了中华民族多元一体共同体形成的必然性与人类命运共同体发展的大势。①

---

① 参见曹兵武：《中华民族的母亲河》，《人民日报·海外版》2021 年 9 月 20 日。

文运同国运相牵，文脉同国脉相连。黄河由于独特的历史地位和文化含量，受到了历代文人的礼赞。唐朝诗仙李白、边塞诗人王之涣、诗佛王维等都留下了关于黄河的著名诗篇。近代以来，人民音乐家冼星海在抗日战争时期创作的《黄河大合唱》一直传唱至今，弘扬了伟大的民族精神，成为不朽的经典之作。

二、黄河治理的伟大征程

黄河是中华民族的母亲河，也是一条桀骜不驯的洪灾之河。九曲黄河万里沙，黄河是世界上最难治理的大河，素来"善淤、善决、善徙"，"三年两决口，百年一改道"。自古以来，黄河治理就是困扰中华民族的大难题。黄河安澜、海晏河清，是中华民族的千年梦想。

由于黄河的洪水挟带大量泥沙，进入下游平原地区后迅速沉积，主流在漫流区游荡，人们开始筑堤防洪，行洪河道不断淤积抬高，成为高出两岸的"地上河"，在一定条件下就决溢泛滥，改走新道。黄河下游河道迁徙变化的剧烈程度，在世界上是独一无二的。

从先秦到新中国成立前的2500多年间，黄河下游共决溢1500多次，改道26次，其中重大改道5次，影响北达天津、侵袭海河水系，南抵江淮、侵袭淮河水系，纵横25万平方千米。

远古时期，大禹治水重点就是治理黄河，留下了丰功伟绩，鼓舞了后人。大禹改过去"障水"为"疏导"，联合伯益、后稷等部族首领，全策全力专心治水，终于把"浸山灭陵"的洪水，分疏九河，导流入于大海，有效治理了水患。

在此后漫长的历史时期，伴随着黄河频繁的决溢改道，防御黄河水患成为历代大事，投入了大量人力、财力，不断堵口、修防。

春秋战国时期，黄河下游已普遍修筑堤防。公元前 651 年，春秋五霸之一的齐桓公"会诸侯于葵丘"，提出"无曲防"的禁令，解决诸侯国之间修筑堤防的纠纷。公元前 246 年，秦在陕西兴建了郑国渠，引泾河水灌溉 4 万多顷（合今 280 万亩）"泽卤之地"，"于是关中为沃野，无凶年，秦以富强，卒并诸侯"[①]，为秦统一中国发挥了重要作用。

西汉时期，已专设有"河堤使者""河堤谒者"等官职，沿河郡县长官都有防守河堤职责，专职防守河堤人员，一定程度上有效了扼制了黄河南侵，恢复了汴渠的漕运。

北宋建都开封，当时黄河灾害大大超越前代，河道变迁十分剧烈。宋王朝对治河很重视，设置了权限较大的都水监，专管治河，沿河地方官员都重视河事，并在各州设河堤判官专管河事，朝廷重臣多参与治河方略的争议。特别是王安石在官府内设置了"提举沿汴淤田司""都大提举淤田司"等机构领导大规模农田放淤行动，主持开展机械浚河、引黄、引汴发展淤灌等，在治黄技术上有不少创新。

明代以后，随着社会经济发展和黄河决溢灾害加重，朝廷更为重视治河，治河机构逐渐完备。明代治河，以工部为主管，总理河道直接负责，之后总理河道又加上提督军务职衔，可以直接指挥军队，沿河各省巡抚以下地方官吏也都负有治河职责，逐步加强了下游河务的统一管理。

清代的河道总督权限更大，直接受命于朝廷，治河事业有很大发展，治理思路、堤防修守及管理维护技术都有较大进步。比如，清代中期的胡定提出了"汰沙澄源"的思想（淘汰泥沙以澄清水源），即治理中游泥沙流失的水土保持方案，就是一个有效治理的新思路。

民国期间，战乱不断，黄河治理也陷于停滞状态。特别是国民党政府

---

① 参见司马迁：《史记·河渠书》，作家出版社 2017 年版，第 304 页。

1938年以阻挡日军西进的名义在郑州花园口扒开黄河大堤，致使黄河再次南泛长达8年多，造成上百万人死亡，千余万人受灾，直到1947年才在花园口堵口，黄河复归故道。

新中国成立后，中央人民政府通过人工改道方案、放淤及淤背方案、河道整治方案、挖河疏浚方案、拦沙方案、拦沙措施、调水调沙方案等等治理措施，真正实现了对黄河的综合治理利用。

1950年，黄河水利委员会正式成立，直属中华人民共和国水利部领导，统一领导和管理黄河的治理与开发，并直接管理黄河下游河南、山东两省的河防建设和防汛工作。1954年，黄河规划委员会正式成立，由国家计划委员会直接领导，编制黄河治理开发规划，并进一步提出"黄河综合利用规划"。1955年，第一届全国人民代表大会第二次会议通过了《关于根治黄河水害和开发黄河水利的综合规划的决议》，批准了规划的原则和基本内容。1984年，经国务院批准，国家计委下达了《关于黄河治理开发规划修订任务书》，要求对黄河规划进行一次系统的修订，进一步推进黄河的治理与开发。此后，黄河水利委员会会同国务院有关部门和流域内各省区相继开展了各项规划研究工作，通过反复研究和广泛征求各方面意见，于1996年年初完成了《黄河治理开发规划纲要》的编制工作，并于1997年经国家计委和水利部审查上报国务院，为治黄事业的发展绘制了一幅新的蓝图。2021年，中共中央、国务院印发了《黄河流域生态保护和高质量发展规划纲要》，就加强上游水源涵养能力建设、加强中游水土保持、推进下游湿地保护和生态治理、加强全流域水资源节约集约利用、全力保障黄河长治久安、强化环境污染系统治理、建设特色优势现代产业体系、构建区域城乡发展新格局、加强基础设施互联互通、保护传承弘扬黄河文化、补齐民生短板和弱项、加快改革开放步伐等作出细化部署。《黄河流域生态保护和高质量发展规划纲要》规划期至2030年，中期展望至 2035 年，远期展望至 21 世纪中叶，是指导当前和今后一个时期黄河流域生态保护和高质量发展的纲领性文件。

一部治黄史，半部治国史。此言不虚。

第五节 "万里长江"之文化凝视

长江与黄河一道构成了中华民族的两大母亲河，是中国的第一大河。作为世界上最早的水稻驯化地区之一，长江流域诞生了一系列璀璨的早期文明，长江流域更是中国从古至今的繁荣富庶之地。

一、长江的时空考察和文化观照

长江发源于"世界屋脊"——青藏高原的唐古拉山脉各拉丹冬峰西南侧。干流流经青海省、西藏自治区、四川省、云南省、重庆市、湖北省、湖南省、江西省、安徽省、江苏省、上海市共 11 个省级行政区，于崇明岛以东注入东海。

从地理概貌上看，长江的形成发生在距今 1.4 亿年前的侏罗纪时的燕山运动，在长江上游形成了唐古拉山脉，青藏高原缓缓抬高，形成许多高山深谷、洼地和裂谷。长江中下游大别山和川鄂间巫山等山脉隆起，四川盆地凹陷，古地中海进一步向西部退缩。距今 1 亿年前的白垩纪时，四川盆地缓慢上升，夷平作用不断发展，云梦、洞庭盆地继续下沉。在地势作用下，向西流的那支古长江开始向东流去，形成了现今的长江。

长江全长 6387 千米，流域面积达 180 万平方千米，约占中国陆地总面积的 1/5，是中国第一大河，在世界大河中长度仅次于非洲的尼罗河和

▲ 长江

南美洲的亚马孙河，居世界第三位。

　　长江是中国水量最丰富的河流，水资源总量9616亿立方米，约占全国河流径流总量的36%，为黄河的20倍。在世界仅次于赤道雨林地带的亚马孙河和刚果河（扎伊尔河），居第三位。

　　事实上，长江凭借其优越的航运条件，自古至今都是我国的内河航运大通道，对我国军事经济发展产生深刻影响。我国古代很多军事家正是利用这个天然的交通大通道，创造了很多经典的战例。在三国时期，曹操为了统一中国，消灭割据江南的政权东吴，其战略就是先占领荆州，然后顺江而下，消灭东吴。虽然后来曹操在赤壁被孙刘联军击败，但是其"顺江而下"的战术无疑是正确的。后来的晋武帝同样使用了"顺江而下"的战术，只是做了更充足的准备，终于消灭东吴政权，结束了中国几百年的分裂局面。自此之后，"顺江而下"几乎成为中国历史上亘古不变的经典战术。

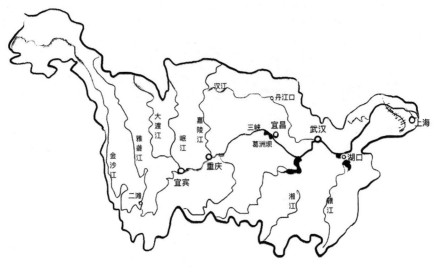

▲ 长江流域图

　　尤值一提的是，长江流域稻作农业在世界稻作史上具有独特地位，被誉为"世界稻作之源"①。在经历了"印度起源""东南亚起源""阿萨姆—云南起源"等不同的主张之后，随着近年来考古证据的增加，初步奠定了长江流域作为世界稻作文明起源的地位。1972—1974 年，在长江下游的浙江河姆渡发现了距今 7100 年的 4000 多平方米堆积的稻谷、稻壳 1 米以上。同时发现耕地的骨制耒耜，家畜猪、狗、水牛，还有干栏式榫卯结构的建筑物，表明河姆渡文化已经进入到了较发达的农耕文明阶段。尤其是湖南省澧县城头山遗址将长江流域稻作文明的历史推到 1 万年前，不仅出土了水稻，还发现了古老的稻田。城头山遗址充分表明了中国长江流域及以南地区是水稻驯化起源地，表明长江流域文明与黄河流域文明一样历史悠久、灿烂辉煌。

　　事实上，一个地域的气候、自然植被、农作物等，都在极其深刻且润

―――――――――

① 闵庆文、张碧天：《稻作农业文化遗产及其保护与发展探讨》，《中国稻米》2019 年第 5 期。

物细无声地"塑造"着当地的文化。对此，梁启超先生曾描述中国南北地理环境对地域文化的深刻影响，他在《近代学术之地理的分布》中说："气候山川之特征，影响于住民之性质，性质累代之蓄积发挥，衍为遗传，此特征又影响于对外交通及其他一切物质上生活，还直接间接影响于习惯及思想。"由于地理环境的差异，导致了中国南北文化的差异："长城饮马，河梁携手，北人之气概也；江南草长，洞庭始波，南人之情怀也。散文之长江大河，多一泻千里者，北人为优；骈文之镂云刻月，善移我情者，南人为优。"①

可以说，正是基于地理环境差异上的经济生产方式的不同，进而影响了南北地区人们的社会组织形式及思想观念。我们如果以此为逻辑进行"自然环境——区域文化"互相作用的深入考察可以发现，由于长江流域自古以水稻作为主要农作物，而水稻的种植受地形、降水、光热等自然环境约束，需要丰富的水资源以及可以聚集水源的地形，同时还需要集体作业来修筑不漏水的田埂、便利的注水和排水系统等，这迫使长江流域早期社会人口既相对分散，但又小规模聚集。这样的居住和生产模式导致了长江流域古代文化像漫天星斗，分散但各放异彩，形成多姿多彩的民族文化，同时也造就了长江流域独特的自然—文化景观，构成了古老中华民族的"农耕文化记忆"。长江流域的礼仪风俗、时令节气也大多与水稻有关，如春节的年糕、正月十五的汤圆、端午节的粽子等。

同时，在长江流域湖泊周边是人类最早的家园，因此形成了和湖泊相关的水文化现象，包括人们关于湖泊的精神信仰、生计方式和生活方式、因为湖泊而形成的社会关系等从而构成了湖泊水文化现象。而长江流域是诸多少数民族居住的家园和迁徙的走廊，居住和活动于长江流域的少数民

---

① 梁启超：《中国地理大势论》，《饮冰室文集（第四册）》，中华书局 1936 年版，第 77 页。

族种类之多是其他江河流域不可比拟的，从而也形成了基于民族的丰富多彩的水文化。

整体来看，长江文化是中华文化的重要一脉，既有作为中华文化的共性，又有作为中华大地上地域文化的特性。如果说，黄河文化是中国北方文化的典型代表，长江文化则是中国南方文化的典型代表。

长江文化是一种以长江流域特殊的自然地理和人文地理占优势以生产力发展水平为基础的具有认同性、归趋性的文化体系，是长江流域文化特性和文化集结的总和和集聚。

我们认为，长江文化是一个以巴蜀文化、楚文化、吴越文化为主体，包含滇文化、黔文化、赣文化、闽文化、淮南文化等亚文化层次而构成的庞大文化体系，这些不同的文化共同体在相同的文化规则下聚合成一个共同的文化体——长江文化。

二、依法护江：《长江保护法》的解读与透析

长江由西向东贯穿中国中部，流经中国最为广袤的地域，它的每一个细微的变化，都是这个时代和国家变化的敏感反应与缩影。正因为如此，国家层面需要从生态系统的角度进行立法，更加注重生态系统的保护和修复，制度设计更多地从长江生态系统整体性保护出发。

长江流域以 20% 左右的国土面积，支撑起全国超 45% 的经济总量，涵养着超过四成的人口，占据全国"半壁江山"。长期以来，长江生态环境严重透支，沿江污染物排放基数大，流域环境风险隐患突出，长江生物完整性指数到了最差的"无鱼"等级。多年来，受拦河筑坝、水域污染、过度捕捞、航道整治、岸坡硬化、挖砂采石等人类活动影响，导致流域河流生态系统严重退化，影响了物种栖息地、生物多样性组成，特别是影响

了河流和湖泊生态系统健康与鱼类多样性组成和维持。

值得欣慰的是，2020年12月26日，中华人民共和国十三届全国人大常委会第二十四次会议表决通过《长江保护法》。这部法律从2021年3月1日起施行。《长江保护法》是我国第一部流域专门法律，重在解决影响长江流域污染防治、生态环境保护和修复的重点领域、关键问题。

《长江保护法》的制定与实施是将习近平总书记关于长江保护的重要指示和党中央对长江经济带绿色发展战略部署以法律形式予以贯彻落实的最有效措施，是我国生态环境法体系建设的标志性成果。《长江保护法》以推进共抓大保护、不搞大开发，提高长江流域生态环境保护的整体性和系统性为立法思路，以生态优先、绿色发展为立法原则，以实现长江经济带高质量发展为立法目标，在立法理念和立法内容等方面均有重大创新与突破。

长江流域既是以水为纽带和基础的自然空间单元，也是人类生产生活的社会空间单元，《长江保护法》把长江流域视为一个有边界范围的空间，以解决长江流域空间不均衡为重点，确立了具有空间特点的国土空间开发管控的法律制度。

《长江保护法》的出台施行将形成保护母亲河的硬约束机制，有利于加强长江流域生态环境保护和修复，促进资源合理高效利用，保障生态安全，实现人与自然和谐共生、中华民族永续发展。

《长江保护法》包括总则、规划与管控、资源保护、水污染防治、生态环境修复、绿色发展、保障与监督、法律责任和附则9章，共96条。

"共抓大保护、不搞大开发"写入法律。法律规定，长江流域经济社会发展，应当坚持生态优先、绿色发展，共抓大保护、不搞大开发；长江保护应当坚持统筹协调、科学规划、创新驱动、系统治理。

法律还明确了"四个禁止"，即禁止在长江流域重点生态功能区布局对生态系统有严重影响的产业，禁止重污染的企业和项目向长江的上中游转移，禁止在长江干支流干线一千米范围内新建、扩建化工园区和化工项目，禁止在长江干线的岸线三千米范围内和重要支流岸线一千米范围内新改扩建尾矿库，防止风险。

长期以来，受拦河筑坝、水域污染、过度捕捞等高强度人类活动的影响，长江流域生态环境遭到严重破坏，珍稀特有物种全面衰退，经济鱼类资源接近枯竭。针对这一问题，《长江保护法》提出了建立流域协调机制、严格规划管控、规范资源利用、防治水污染、推进水生态修复、鼓励绿色发展等一系列举措，多数条款都直接或间接涉及长江水生生物保护。

此外，法律还提出加快重点地区危险化学品生产企业搬迁改造等推动绿色发展的相关规定，并明确了违法行为的惩处，以法律武器保护母亲河。

对于推动实施，"我们在实施《长江保护法》时，站位要高、视野要宽、要求要严，要着眼整个长江生态系统修复、保护、恢复，统筹江河湖泊丰富多样的生态要素，构建以长江干支流为经脉、以山水林田湖草沙冰为有机整体，江湖关系和谐、流域水质优良、生态流量充足、水土保持有效、生物种类多样的生态安全格局，给子孙后代留下一条清洁美丽的万里长江。"①

目前，从法律实施以来的情况看，多部门、跨省份间正在凝聚形成流域统筹、区域协同、部门联动的管理保护格局，正在打通长江保护的信息和资源壁垒，推动形成上下游联动、干支流统筹、左右岸合力的治理格局。

在中央层面，依据《长江保护法》的规定，国家建立长江流域协调机

---

① 栗战书：《在长江保护法执法检查座谈会上的讲话》，《中国人大》2022年第7期。

制，统一指导、统筹协调长江保护工作，审议长江保护重大政策、重大规划，协调跨地区跨部门重大事项，督促检查长江保护重要工作的落实情况。

在地方层面，依据《长江保护法》的规定，长江流域相关地方根据需要在地方性法规和政府规章制定、规划编制、监督执法等方面建立协作机制，协同推进长江流域生态环境保护和修复。

第 三 章

国家文化公园的政策演进

国家文化公园的提出和建设，与政策端的直接推动作用密不可分，既是以习近平同志为核心的党中央的高瞻远瞩、战略部署，也是从中央到地方多个相关部门、相关研究机构等齐心协力的探索成果。

第一节　高瞻远瞩的战略部署

建设国家文化公园，是以习近平同志为核心的党中央作出的重大决策部署，是推动新时代文化繁荣发展的重大国家战略，也是"十四五"期间国家深入推进的重大文化工程。

2019 年 8 月，习近平总书记在甘肃考察时强调，当今世界，人们提起中国，就会想起万里长城；提起中华文明，也会想起万里长城。长城、长江、黄河等都是中华民族的重要象征，是中华民族精神的重要标志。我们一定要重视历史文化保护传承，保护好中华民族精神生生不息的根脉。

习近平总书记的这一重要论断，将长城、长江、黄河等视为中华民族的重要象征，并将其保护事业视为对中华民族精神根脉的保护。这为长城国家文化公园、大运河国家文化公园、长征国家文化公园、黄河国家文化公园、长江国家文化公园等建设坚定了道路自信、理论自信、制度自信、文化自信。

具体来看，关于长城，党的十八大以来，习近平总书记高度重视长城文化保护传承弘扬工作，多次发表重要论述、作出重要指示和批示。特别是 2019 年 8 月 20 日考察嘉峪关关城时，对长城文化地位给予充分肯定，明确提出做好长城文化价值发掘和文物遗产传承保护工作等要求。

需要指出的是，新中国成立以来，几代领导人都对长城抱有浓厚感情并积极推动保护传承事业发展。毛泽东在《清平乐·六盘山》中就写出名句："不到长城非好汉，屈指行程二万。"诗句豪迈地展现了不登临长城绝不是英雄，通过攀登长城证明自己、鼓励自己，体现了中华民族的精神气魄以及积极向上的奋斗精神。1984 年 9 月，邓小平为《北京晚报》《北京日报》《经济日报》等发起的修复长城的社会赞助活动写下"爱我中华，修我长城"的题词，以及 1987 年中国长城学会的成立，将保护长城与热爱中华紧密相连，点燃了亿万中华儿女的爱国热情，彰显了长城所具有的强大凝聚力，把长城的保护修复推向一个划时代意义的阶段。

关于大运河。党的十八大以来，针对大运河的保护、传承、利用，习近平总书记高度重视，多次作出重要指示和批示。2017 年 2 月，习近平总书记在北京大运河森林公园考察时强调，要古为今用，深入挖掘以大运河为核心的历史文化资源，保护大运河是运河沿线所有地区的共同责任。2017 年 6 月，习近平总书记对建设大运河文化带又作出重要指示：大运河是祖先留给我们的宝贵遗产，是流动的文化，要统筹保护好、传承好、利用好。2020 年 11 月，习近平总书记在江苏扬州考察时明确要求，要把大运河文化遗产保护同生态环境保护提升、沿线名城名镇保护修复、文化旅游融合发展、运河航运转型提升统一起来，为大运河沿线区域经济社会发展、人民生活改善创造有利条件。

关于黄河。2019 年 9 月，习近平总书记在河南主持召开黄河流域生态保护和高质量发展座谈会并发出了"让黄河成为造福人民的幸福河"的号召，明确提出要保护、传承、弘扬黄河文化。习近平总书记指出，黄河文化是中华文明的重要组成部分，是中华民族的根和魂。要推进黄河文化遗产的系统保护，守好老祖宗留给我们的宝贵遗产。要深入挖掘黄河文化蕴含的时代价值，讲好"黄河故事"，延续历史文脉，坚定文化自信，为实现中华民族伟大复兴的中国梦凝聚精神力量。①2020年5月和6月，习近平总书记在山西、宁夏调研，专门就保护传承弘扬黄河文化作出重要指示，提出要充分挖掘和利用丰富多彩的历史文化、红色文化资源加强文化建设，更加珍惜黄河，精心呵护黄河。

关于长征。习近平总书记在纪念红军长征胜利80周年大会上的讲话中指出，穿越历史的沧桑巨变，回望80年前那段苦难和辉煌，我们更加深刻地认识到，长征在我们党、国家、军队发展史上具有十分伟大的意义，对中华民族历史进程具有十分深远的影响。一部红军长征史，就是一部反映军民鱼水情深的历史。长征走的是高山峻岭，渡的是大河险滩，过的是草地荒原，但每一个行程、每一次突围、每一场战斗都从战略全局出发，既赢得了战争胜利，也赢得了战略主动。这既是一种精神，也是一种智慧。弘扬伟大长征精神，走好今天的长征路，必须坚定中国特色社会主义道路自信、理论自信、制度自信、文化自信，为夺取中国特色社会主义伟大事业新胜利而矢志奋斗。②

关于长江。西至三江源，东到崇明岛，习近平总书记的足迹遍及大江上下，先后召开了三场长江经济带发展座谈会。2022年11月，习近平总书记在全面推动长江经济带发展座谈会上擘画了新时代的"长江宏图"：要绘就山水人城和谐相融新画卷，使长江经济带成为我国生态优先绿色发展主战场、畅通国内国际双循环主动脉、引领经济高质量发展主力军。习近平总书记强调，长江造就了从巴山蜀水到江南水乡的千年文脉，是中

① 参见《十九大以来重要文献选编》（中），中央文献出版社2021年版，第194页。

② 参见习近平：《在纪念红军长征胜利80周年大会上的讲话》，人民出版社2016年版。

华民族的代表性符号和中华文明的标志性象征，是涵养社会主义核心价值观的重要源泉。要把长江文化保护好、传承好、弘扬好，延续历史文脉，坚定文化自信。2022 年 6 月 8 日，习近平总书记在四川宜宾考察时指示，保护好长江流域生态环境，是推动长江经济带高质量发展的前提，也是守护好中华文明摇篮的必然要求。

以习近平同志为核心的党中央对国家文化公园的战略部署，从中国特色社会主义事业全局和中华民族可持续发展的高度，对保护传承弘扬传统文化、革命文化提出了纲领性要求，突出强调了传承发展中华优秀传统文化，加强重要文化和自然遗产的系统性保护，弘扬了民族精神，坚定了文化自信，为高质量推进国家文化公园建设指明了方向。

第二节　政策推动的时间轴分析

国家文化公园从概念诞生、理念落地到深入推进，政策的推动作用是极其明显的，是中国社会主义制度优势的鲜明体现。

国家文化公园的概念首次正式出现于 2017 年 1 月中共中央办公厅和国务院办公厅发布的《关于实施中华优秀传统文化传承发展工程的意见》，其中明确提出"规划建设一批国家文化公园，成为中华文化重要标识"。

然而国家文化公园的具体载体是什么，一直没有得到正面回应，直到 2017 年 5 月《国家"十三五"时期文化发展改革规划纲要》的出台。其中明确提出，依托长城、大运河、黄帝陵、孔府、卢沟桥等重大历史文化遗产，规划建设一批国家文化公园，形成中华文化的重要标识。此时国家文化公园虽然有了建设载体构想，但还没有建设标准和经验可循。

2019 年 7 月 24 日，中央全面深化改革委员会第九次会议审议通过了

01　2017年1月

概念首次正式出现

明确提出"规划建设一批国家文化公园，成为中华文化重要标识"

——《关于实施中华优秀传统文化传承发展工程的意见》

02　2017年5月

明确建设载体构想

明确提出"依托长城、大运河、黄帝陵、孔府、卢沟桥等重大历史文化遗产，规划建设一批国家文化公园，形成中华文化的重要标识"

——《国家"十三五"时期文化发展改革规划纲要》

03　2019年7月

正式展开建设方案

会议指出，建设长城、大运河、长征国家文化公园，对坚定文化自信，彰显中华优秀传统文化的持久影响力、革命文化的强大感召力具有重要意义

——《长城、大运河、长征国家文化公园建设方案》

04　2019年12月

建设落地纵深探索

要求各地区各部门结合实际认真贯彻落实

——《长城、大运河、长征国家文化公园建设方案》

05　2021年8月

形成建设规划体系

出台《长城国家文化公园建设保护规划》《大运河国家文化公园建设保护规划》《长征国家文化公园建设保护规划》，着力形成定位准确、特色鲜明、功能突出、贯通衔接的国家文化公园建设规划体系

06　2022年1月

五大国家文化公园布局形成

传承弘扬中华优秀传统文化，建设长城、大运河、长征、黄河、长江等国家文化公园。

▲ 政策推动的时间轴分析

《长城、大运河、长征国家文化公园建设方案》。会议指出，建设长城、大运河、长征国家文化公园，对坚定文化自信，彰显中华优秀传统文化的持久影响力、革命文化的强大感召力具有重要意义；要结合国土空间规划，坚持保护第一、传承优先，对各类文物本体及环境实施严格保护和管控，合理保存传统文化生态，适度发展文化旅游、特色生态产业。从此，国家文化公园建设正式展开。

2019年12月，中共中央办公厅、国务院办公厅印发《长城、大运河、长征国家文化公园建设方案》并发出通知，要求各地区各部门结合实际认真贯彻落实。国家文化公园建设有了路线图，相关工作实现了落地纵深探索。

2020年1月3日，中央财经委第六次会议明确要求谋划建设黄河国家文化公园。2020年10月，在党的十九届五中全会审议通过的《中共中央关于制定国民经济和社会发展第十四个五年规划和二〇三五年远景目标的建议》中指出：传承弘扬中华优秀传统文化，加强文物古籍保护、研究、利用，强化重要文化和自然遗产、非物质文化遗产系统性保护，加强各民族优秀传统手工艺保护和传承，建设长城、大运河、长征、黄河等国家文化公园。

2021年8月，《长城国家文化公园建设保护规划》《大运河国家文化公园建设保护规划》《长征国家文化公园建设保护规划》出台。它们对每个国家文化公园的建设保护单独进行规划，力图深入指导沿线省份推出分省份建设保护规划，着力形成定位准确、特色鲜明、功能突出、贯通衔接的国家文化公园建设规划体系。

2022年1月，长江国家文化公园建设正式启动。至此，我国形成了五大国家文化公园的布局。

| 第 四 章 |

国家文化公园的建设纲要

当前，国家文化公园的建设已经如火如荼开展起来，各地都在结合区域特点积极探索前行。在这种局面下，为了尽可能避免走弯路，尤其需要深刻理解并准确把握国家文化公园建设的指导思想、基本原则、目标、范围、主体功能区建设、重点工程建设等在实践中必须直面的"关节点""关键点""着力点""突破点"。

宏观来看，以第一批推出的《长城、大运河、长征国家文化公园建设方案》为精神指引，长城、大运河、长征国家文化公园建设保护规划的出台亦具有重要的导向作用，共同构成了国家文化公园的建设要纲。相关建设保护规划，为沿线省份完善分省份建设保护规划，推进国家文化公园建设提供了科学指引，确保国家文化公园建设高质量推进。

中观来看，相关国家文化公园建设保护规划，其工作推进的重点、难点、亮点、突破点还是各有侧重的。

《长城国家文化公园建设保护规划》，整合长城沿线 15 个省区市文物和文化资源，按照"核心点段支撑、线性廊道牵引、区域连片整合、形象整体展示"的原则构建总体空间格局，重点建设管控保护、主题展示、文旅融合、传统利用四类主体功能区，实施长城文物和文化资源保护传承、长城精神文化研究发掘、环境配套完善提升、文化和旅游深度融合、数字再现工程，突出标志性项目建设，建立符合新时代要求的长城保护传承利用体系，着力将长城国家文化公园打造为弘扬民族精神、传承中华文明的重要标志。

《大运河国家文化公园建设保护规划》，整合大运河沿线 8 个省市文物和文化资源，按照"河为线、城为珠、珠串线、线带面"的思路优化总体功能布局，深入阐释大运河文化价值，大力弘扬大运河时代精神，加大管控保护力度，加强主题展示功能，促进文旅融合带动，提升传统利用水平，推进实施重点工程，着力将大运河国家文化公园建设成为新时代宣传中国形象、展示中华文明、彰显文化自信的亮丽名片。

《长征国家文化公园建设保护规划》，整合长征沿线 15 个省区市文物和文化资源，根据红军长征历程和行军路线构建总体空间框架，加强管控保护、主题展示、文旅融合、传统利用四类主体功能区建设，实施保护传承、研究发掘、环境配套、文旅融合、数字再现、教育培训工程，推进标志性项目建设，着力将长征国家文化公园建设成为呈现长征文化、弘扬长征精神、赓续红色血脉的精神家园。

接下来，国家文化公园的建设之道，需要在微观操作层面进一步聚焦指导思想、基本原则、目标、范围、主体功能区建设、重点工程建设等，做实做深考察辨析，既把握"实然"状态，也要分析"应然"状态，并在"实然"和"应然"之间架起一道桥梁，走向适应中国国情、展现中国智慧、彰显中国情怀的"必然"。

第一节　建设的指导思想和基本原则

一、指导思想

国家文化公园是国家推进实施的重大文化工程，整体的指导思想，是以习近平新时代中国特色社会主义思想为指导，全面贯彻党的二十大精神，以长城、大运河、长征、黄河沿线、长江沿线一系列主题明确、内涵清晰、影响突出的文物和文化资源为主干，生动呈现中华文化的独特创造、价值理念和鲜明特色，促进科学保护、世代传承、合理利用，积极拓展思路、创新方法、完善机制，做大做强中华文化重要标志，探索新时代文物和文化资源保护传承利用新路。

具体到五个国家文化公园的建设指导思想，既有"异"，又有"同"，体现了共性与个性相结合、整体要求与创造性探索相结合的特征。

"异"的方面，主要是明确了各园在建设中要贯彻相关的具体指示、讲话等精神，进一步突出彰显自身文化特色，展示独特的文化名片和文化价值。

长城国家文化公园要按照习近平总书记对长城保护利用的系列重要指示，以长城沿线一系列主题明确、内涵清晰、影响突出的长城文物和文化资源为主干，生动呈现长城文化的独特创造、价值理念和鲜明特色。

大运河国家文化公园要按照习近平总书记对大运河保护利用的系列重要指示，以大运河文化的科学保护、世代传承、合理利用为宗旨，以大运河沿线一系列主题明确、内涵清晰、影响突出的文物和文化资源为基础，深入挖掘大运河承载的深厚文化价值和精神内涵，生动呈现大运河文化的独特创造、价值理念和鲜明特色。

长征国家文化公园要深入贯彻习近平总书记在纪念红军长征胜利80周年大会上的重要讲话精神，以开展爱国主义教育、培育社会主义核心价值观为根本，以弘扬长征精神、传承红色基因为核心，以推动高质量发展为主题，以长征沿线一系列主题明确、内涵清晰、影响突出的长征文物和文化资源为主干，生动呈现长征文化的独特创造、价值理念和鲜明特色。

黄河国家文化公园要深入贯彻习近平总书记在黄河流域生态保护和高质量发展座谈会上的重要讲话精神，以保护好、传承好、弘扬好黄河文化为基本立足点，推进黄河文化遗产的系统保护，深入挖掘黄河文化蕴含的时代价值，讲好"黄河故事"，延续历史文脉，坚定文化自信，努力推动黄河文化创造性转化、创新性发展。

长江国家文化公园建设要深入贯彻落实习近平总书记重要讲话精神，坚持文化引领、文化自信，守好发展和生态两条底线，以保护传承弘扬长江文化为核心，在保护好长江文物和文化遗产基础上，注重充分激活长江丰富的历史文化资源，系统阐发长江文化的精神内涵，深入挖掘长江文化的时代价值，推动优秀传统文化创造性转化、创新性发展，着力形成布局合理、特色鲜明、功能衔接、开放共享的建设格局。

五个国家文化公园的建设指导思想中也有相通共融之处。例如，都把"科学保护、世代传承"放在首位，显示了国家文化公园的首要价值是展示文化的保护与传承；都强调了对文化价值的深入挖掘、科学利用，通过创新的手段扩大国家文化公园的影响力，发挥其传播、教育、引导的功能，推动文化的创造性转化、创新性发展；都以宣传中国形象、展示中华文明、彰显文化自信为最终目标，落实以人民为中心的发展思想，发挥文化在推动民生改善、生态保护、社会进步等方面的重要作用。

二、五大建设原则

国家文化公园建设是一项系统工程，所涉巨细繁杂，各不相同。但在建设原则上，却有其相通之处。这些共同的原则，也彰显了国家文化公园作为一种创新体制的统筹谋划性。

一是保护优先，强化传承。严格落实保护为主、抢救第一、合理利用、加强管理的方针，真实完整保护传承文物和非物质文化遗产。突出"活化"传承和合理利用，与人民群众精神文化生活深度融合、开放共享。

例如，长城国家文化公园需要真实完整保护长城及其沿线相关文物和非物质文化遗产，突出长城文物和文化遗产"活化"传承和合理利用；大运河国家文化公园需要根据大运河相关文物和非物质文化遗产的自身特点，推进真实性、完整性保护，充分把握大运河文化的时代特征和精华，突出活化传承、合理利用、开放共享，与人民群众精神文化生活深度融合；黄河国家文化公园需要坚持保护治理优先，摸清家底、了解现状，促进点线面相结合、与周边环境相协调，突出系统性保护、整体性保护。

二是文化引领，彰显特色。坚持社会主义先进文化发展方向，深入挖掘文物和文化资源精神内涵，充分体现中华民族伟大创造精神、伟大奋斗精神、伟大团结精神、伟大梦想精神，焕发新时代风采。例如，长城国家文化公园需要深入发掘长城文物和文化资源精神内涵，全面彰显长城蕴含的中华优秀传统文化、多民族融合文化和红色文化，成为中华文明面向现代化、面向世界、面向未来发扬光大的重要载体。大运河国家文化公园需要深入挖掘大运河文化精神内涵和国家文化公园建设保护要义，全面阐释大运河文化当代价值，积极彰显中华优秀传统文化持久影响力。长征国家文化公园需要坚持社会主义先进文化发展方向，深入挖掘长征文物和文化资源精神内涵，强调精神文化引领。黄河国家文化公园需要将黄河文化保护传承弘扬融入黄河流域经济社会发展，推动黄河文化创造性转化、创新性发展，实现黄河文化育民惠民利民，为黄河流域生态保护和高质量发展提供精神引领。长江国家文化公园需要坚持社会主义先进文化前进方向，深入挖掘长江干流区域和长江经济带区域相关省区市的长江文化内涵，结合地域特点、文化特色、时代特征，打造特色鲜明的特色文化体系，进一步提升中华文化标识的传播度和影响力，向世界呈现绚烂多彩的中华文明。

在文化引领的建设实践中，山西运城市作出了自己的特色文章。运城以黄河国家文化公园（运城段）建设为契机，充分挖掘运城黄河流域源远流长、历久弥新的以"人类远古文化、农耕源头文化、黄河根祖文化、宗教信仰文化、河东民俗文化、红色革命文化"六大文化为主体的运城优秀传统文化的思想精华、道德精髓，阐释其时代价值，构建符合传统美德和中国特色社会主义思想的传承发展体系；充分发挥运城作为中华五千年文明重要发祥地的独特优势，发掘优秀传统文化的运城元素，加强对运城特色文化研究，把运城元素融入优秀传统文化理论研究、教育教化、实践养成、传播交流以及文化产品的创作生产等方方面面；进一步增强运城文化的穿透力和影响力，不断彰显文化引领作用，增强文化自信，打造运城黄河文化品牌，推动运城由文化大市向文化强市转变。

三是总体设计，统筹规划。坚持规划先行，突出顶层设计，统筹考虑资源禀赋、人文历史、区位特点、公众需求，注重跨地区跨部门协调，与法律法规、制度规范有效衔接，发挥文物和文化资源综合效应。例如，长城国家文化公园提出要统筹考虑长城沿线文物和文化资源，发挥长城文物和文化资源的综合效应。大运河国家文化公园需要彰显地方特色，加强与区域发展战略的有效衔接，统筹考虑沿线地域广泛性、文化多样性、资源差异性，推进分类施策、分步实施，严防大拆大建、千篇一律。

四是积极稳妥，改革创新。突出问题意识，强化全球视野、中国高度、时代眼光，破除制约性瓶颈和深层次矛盾。既着眼长远又立足当前，既尽力而为又量力而行，务求符合基层实际、得到群众认可、经得起时间检验，打造民族性、世界性兼容的文化名片。例如，大运河国家文化公园提出要积极探索新时代文物和文化资源保护传承利用的新路，做到经得起历史检验，避免过度开发、贪大求洋。

五是因地制宜，分类指导。充分考虑地域广泛性和文化多样性、资源差异性，实行差别化政策措施。有统有分、有主有次，分级管理、地方为主，最大限度调动各方积极性，实现共建共赢。例如，长城国家文化公园提出要充分考虑长城文化遗产分布的地域广泛性和不同时代长城文化多样性、资源差异性，实行差别化政策措施；黄河国家文化公园提出要尊重黄河流域自然环境、人文风貌、地域特色和民族传统等禀赋差异，结合当地经济社会发展特点，积极探索符合地区实际、富有地域特色的高质量发展路子，推动黄河流域不同区域特色化、多元化、差异化发展。

有的国家文化公园还另外提出了符合自身特点的建设原则。如，大运河国家文化公园提出要明确权责，持续发展。明确划分中央与地方事权，有效构建中央统筹、省负总责、分级管理、分段负责的工作格局，确保有统有分、有主有次、分级管理、地方为主；充分发挥政府、企业、社会等各方面作用，拓展投融资渠道，完善多元投入机制，确保公园建设、管理和运营实现可持续发展。长征国家文化公园提出要坚持红色基调，教育为主。以党的两个历史问题的决议为准则，强调真实性与严肃性，正本清源，反对历史虚无主义，杜绝臆测戏说和不当表述；强化革命教育功能，坚持红色主基调，防止娱乐化、庸俗化和过度商业化。

第二节 建设目标和建设范围

一、建设目标与时间节点

整体来看，国家文化公园的建设大致有以下时间节点：

2021 年年底，长城、大运河、长征、黄河国家文化公园都要实现管理机制初步建立，重点任务、重大工程、重要项目顺利启动或初步落实，部分重点建设区建设任务基本完成。长城国家文化公园重点建设区建设任务基本完成。大运河国家文化公园的江苏省大运河国家文化公园重点建设区建设任务基本完成。长征国家文化公园重点建设区（贵州段、江西段、福建段、陕西段、甘肃段）建设任务基本完成，建成一批建党百年标志性项目。

2023 年年底，长城国家文化公园建设任务基本完成，长城沿线文物和文化资源保护传承利用协调推进局面初步形成，权责明确、运营高效、监督规范的管理模式初具雏形，形成一批可复制、可推广的成果经验。大运河沿线文物和文化资源保护传承利用协调推进局面初步形成，权责明确、运营高效、监督规范的管理模式初具雏形，一批重大标志性项目基本建成，大运河国家文化公园建设保护任务基本完成，并形成一批可复制、可推广的成果经验。长征文物和文化资源保护传承利用愈加同当代中国相适应、同现代社会相协调，统筹协调推进局面初步形成，权责明确、运营高效、监督规范的管理模式初具雏形，长征国家文化公园功能更完备、形象更鲜明、品牌更知名。

2025 年，大运河国家文化公园建设管理机制全面建立，权责明确、运营高效、监督规范的管理模式基本建成，重点任务、重大工程、重要项目得到有效落实，范围内文化遗产梳理甄别全部完成，各类文化遗产资源保护实现全覆盖，分级分类展示体系更加完善，文化和旅游与相关产业深度融合，标志性项目取得明显效益，"千年运河"统一品牌基本形成，大运河国家文化公园成为向世界传播中华优秀传统文化的重要标志。黄河国家文化公园文化保护传承利用协调推进的局面基本建立，黄河文化价值充分彰显，在黄河流域经济社会建设和高质量发展中的引领作用显著提升。黄河流域各类文化遗产得到全面梳理和有效保护，各类展示体系基本形成。文化和旅游完善的公共服务体系、丰富的产品和服务体系基本建立。黄河文化与群众生活有效融合，涌现一批黄河文艺精品，形成一批文化和旅游品牌和精品线路，黄河文化统一品牌基本形成，影响力显著提升。

2035 年，长城国家文化公园全面建成，符合新时代要求的长城保护传承利用体系全面建立。长征国家文化公园全面形成体现国家意志、反映国家水准、代表国家形象、享有国际美誉的保护展示传承体系，成为新时代文物和文化资源保护传承利用中国方案的典范。黄河流域文化遗产科学保护、活态传承、合理利用的布局体系全面形成，黄河文化保护传承弘扬与社会发展、经济建设、生态保护全面融合，黄河文化的引领带动作用凸显。黄河文化保护传承弘扬与沿河流域居民生产生活、景观建设、生态环境全面融合，在黄河生态保护和高质量发展中的战略先导地位更加突出，引领示范和综合带动功能全面释放。黄河文化的内涵得到全面阐释，时代价值得到充分彰显，黄河文化统一品牌得到广泛认同，全社会形成保护传承弘扬黄河文化的强大合力。

2050 年，黄河国家文化公园还展望了 2050 年远景目标。届时，将全面形成一条历史文脉与时代元素、生态文明交相辉映的黄河文化保护传承弘扬发展带。黄河文化成为弘扬中华文明、提升中华民族凝聚力和向心力、彰显文化自信的重要标志，成为中华优秀传统文化传承发展的样板。黄河文化的时代精神享誉中外，成为构建人类命运共同体的情感纽带。

二、建设范围

各个国家文化公园的建设范围，均包含了其核心的遗址遗存、文化景观，并将其主要的文化辐射区域涵盖在内。这就使得国家文化公园在形态上呈现出鲜明的空间开放性与延展性。

1. 长城国家文化公园

包括战国、秦、汉长城，北魏、北齐、隋、唐、五代、宋、西夏、辽具备长城特征的防御体系，金界壕，明长城。涉及 15 个省区市，将形成"一带、十八段、二十六区、多点"的总体空间格局。

"一带"即一条"万里长城"核心形象带。以现存最完整、景观价值最高的明长城为主体，东起辽宁虎山，西至甘肃嘉峪关，总长 8800 余千米，重点展现我国古代军事防御体系的最高成就，公元 14 世纪至 17 世纪我国北方农耕、游牧、渔猎、畜牧等不同文明、文化之间的大规模交流与融合，以及长城抗战文化。"十八段"即 18 个"万里长城"形象标识段，以《长城保护规划》代表性点段遴选标准为基础，综合考虑沿线交通区位条件、文化需求等因素，将文物文化价值较高、保存状况良好且列入世界文化遗产、全国重点文物保护单位的 18 个长城点段作为"万里长城"形象标识段。"二十六区"即 26 个"万里长城"形象标识区，将具有国家文化名片和地方代表性标志性意义的 26 个长城文物和文化资源富集区，作为"万里长城"形象标识区。"多点"即多个"万里长城"形象标志点，将与长城重大历史事件存在直接关联，以及具有文化景观典型特征的代表性段落、重要关堡、重要烽燧等作为形象标志点。

2. 大运河国家文化公园

包括京杭大运河、隋唐大运河、浙东运河 3 个部分，通惠河、北运河、南运河、会通河、中（运）河、淮扬运河、江南运河、浙东运河、永济渠（卫河）、通济渠（汴河）10 个河段。涉及北京、天津、河北、江苏、浙江、安徽、山东、河南等 8 个省市。

在具体建设中，将按照"河为线，城为珠，线串珠，珠带面"的思路，围绕大运河沿线 8 省（市），优化形成一条主轴凸显文化引领、四类分区构筑空间形态、六大高地彰显特色底蕴的大运河国家文化公园总体功能布局。"一条主轴"即以京杭大运河和浙东运河为骨干（含河北雄安新区白洋淀与大运河连通部分），以隋唐大运河为重要分支，通过

"连点""成线""展网"，共同构筑大运河文化主轴。"四类分区"即根据大运河沿线文物和文化资源的整体布局、禀赋差异及周边人居环境、自然条件、配套设施等情况，聚焦大运河流经的地市范围，在普查勘验、系统摸底的基础上，确定大运河重要遗产管控保护区、文化主题展示区、文化和旅游融合区、沿线传统利用区等四类主体功能区，明确差异化建设保护重点，构筑空间相连、功能互补、特色各异的大运河国家文化公园保护利用形态。"六大高地"即依托大运河历史和今天的河道及周边区域，围绕大运河沿线京津、燕赵、齐鲁、中原、淮扬、吴越等地域文化，打造大运河特色文化高地，构筑大运河实体与地域文化伴生共荣的集中展示空间，形成分类集中、有机衔接、深度融合的大运河国家文化公园多元一体格局。

3. 长征国家文化公园

建设范围原则上包括 1934 年 10 月至 1936 年 10 月，红一方面军（中央红军）、红二方面军（红二、红六军团）、红四方面军和红二十五军从长征出发至长征胜利过程中途经的地区，涉及福建、江西、河南、湖北、湖南、广东、广西、重庆、四川、贵州、云南、陕西、甘肃、青海、宁夏 15 个省区市，共计 73 个市（州）381 个县（市、区）。相关省区市在尊重历史事实的基础上，可根据本地与长征密切相关的其他红色资源分布情况，在主体建设范围外适当划定延伸拓展区。

4. 黄河国家文化公园

依据黄河流域的自然地理格局及受其影响所形成的典型地域文化，结合黄河流域的环境承载力、城镇化水平、经济社会联系度等因素，按照"上下游互动、干支流协同、点线面支撑"的总体思路，可以着力构建"一轴六区多点"的黄河文化保护传承弘扬空间格局。

"一轴"即青海、四川、甘肃、宁夏、内蒙古、陕西、山西、河南、山东等九省区境内黄河干流所串联的多元一体的中华文明主轴。"六区"包括河湟文化片区、河套文化片区、关中文化片区、三晋文化片区、河洛文化片区和齐鲁文化片区。"多点"即在以西安、洛阳、郑州、开封、西宁、兰州、银川、济南、华山、嵩山、泰山、黄龙、敦煌莫高窟、长城、秦始皇陵及兵马俑、曲阜三孔、龙门石窟、五台山、云冈石窟、平遥古城、嵩山"天地之中"古建筑群、大运河、丝绸之路等地分别打造不同类型的黄河文化地标。

第三节　主体功能区建设

虽然不同的国家文化公园各有特点，但在空间格局上，都要根据文物和文化资源的整体布局、禀赋差异及周边人居环境、自然条件、配套设施等情况，结合国土空间规划，重点建设四类主题功能区，即：管控保护区、主题展示区、文旅融合区、传统利用区。

一、管控保护区

管控保护区顾名思义，即以保护为主的区域，对具有文物价值的重点区域进行控制性管理。管控保护区由文物保护单位保护范围、世界文化遗产区及新发现发掘文物遗存临时保护区组成，对文物本体及环境实施严格保护和管控，对濒危文物实施封闭管理，建设保护第一、传承优先的样板区。

长城国家文化公园管控保护区由长城文物保护单位保护区划、世界文化遗产区及新发现发掘文物遗存临时保护区三类区域组成。长城文物保护单位保护范围按照国家《长城保护总体规划》和各省（区、市）政府公布的长城保护规划规定的保护范围和建设控制地带执行。长城文物保护单位属世界文化遗产范围的长城点段，其保护范围、建设控制地带划定应与世界文化遗产的遗产区、缓冲区相衔接。新发现发掘文物遗存临时保护区划的保护范围和建设控制区根据各地长城保护相关规定确定。管控保护区设定要充分考虑长城点段文物本体安全性和文化景观完整性。严格按照《中华人民共和国文物保护法》《中华人民共和国文物保护法实施条例》《长城保护条例》等法律法规执行，对文物本体及环境实施严格保护和管控，对濒危文物实施封闭管理。

大运河国家文化公园管控保护区将梳理整合文物保护区划和世界遗产区划，细化确定大运河国家文化公园管控保护区界线。综合文物保护、土地用途、生态环境管控、岸线管控、河湖与水利工程管控、饮用水水源地保护等要求划分管控分区，统筹确定分区管控细则。将管控保护区界线、分区管控细则及时纳入相关各级国土空间规划。根据文物保护规划编制和修编成果、新发现文物遗存情况，积极推动对新发现发掘文物遗存开展资源评估和认定，及时划定临时保护区，参照文物保护单位保护范围管理要求予以保护。

长征国家文化公园管控保护区由长征文物保护单位保护范围、新发现发掘长征文物遗存临时保护区组成。针对重要长征文物，可结合保护管理实际需要，将建设控制地带一并纳入管控保护区。长征文物保护单位保护范围以各级人民政府公布的文物保护范围为准。针对新发现发掘的具备文物价值的长征遗存和尚未核定公布为文物保护单位的不可移动文物，应参照文物保护单位保护范围划定要求，划定临时保护区，纳入管控保护区。

二、主题展示区

主题展示区是以展示文化意义、提供游览体验为主要功能的区域，包括核心展示园、集中展示带、特色展示点三种形态。核心展示园由开放参观游览、地理位置和交通条件相对便利的国家级文物和文化资源及周边区域组成，是参观游览和文化体验的主体区。集中展示带以核心展示园为基点，以相应的省、市、县级文物资源为分支，汇集形成文化载体密集地带。特色展示点则进一步呈点状分布，提供个性化的游览体验。

长城国家文化公园核心展示园从全国重点文物保护单位中选取，且参观游览条件较好，地理位置优越和交通条件相对便利；集中展示带主要以核心展示园为基点的长城墙体和壕堑/界壕（含沟堑、挡墙等）等各类不同时代的长城遗址或遗迹为核心，包含其他沿线省、市、县级文物资源为分支，汇集形成文化载体密集地带，整体保护利用和系统开发提升；特色展示点选建区位相对较为独立，布局较为分散，可满足分众化游览体验，距核心展示园与集中展示带距离较远但具有特殊文化意义和体验价值的长城点段，重点选择长城有代表性的关堡、烽燧以及重大历史事件发生地。

大运河国家文化公园根据参观游览、地理位置和交通条件相对便利的国家级文物和文化资源及周边区域确定核心展示园，应包含至少一处以上具有价值代表性、展示利用示范性的大运河文化遗产；特色展示带依托大运河历史和现存河道水系，有效串联交通联系紧密、适宜整体展示的关联文物和文化资源，应包含一个或多个空间位置相近的核心展示园；特色展示点覆盖所有核心展示园、集中展示带之外具有特殊展示利用价值的文物和文化资源及相关联的资源点空间范围，满足分众化参观游览体验需求，作为展示大运河多元特色文化的重要补充。

长征国家文化公园核心展示园重点依托历史意义重大、主题鲜明的国家级长征文物和文化资源及其周边区域，综合考虑其开放条件、地理位置和交通便利性建设，作为长征国家文化公园参观游览和文化体验的主体区；集中展示带以核心展示园为基点，以沿线主题关联紧密、交通联系便捷的省、市、县级长征文物资源为分支；特色展示点主要依托布局相对分散，但具有特殊历史价值、文化意义或体验价值的长征文物或文化资源，满足分众化的参观游览体验。

三、文旅融合区

文旅融合区着眼于文化体验与旅游活动的融合发展，由主题展示区及其周边就近就便和可看可览的历史文化、自然生态、现代文旅优质资源组成，重点利用文物和文化资源外溢辐射效应，建设文化旅游深度融合发展示范区。

长城国家文化公园文旅融合区选建以主题展示区为基础，以利用长城文物和文化资源的外溢效应为重点，通过文化和旅游融合，延长产业链，扩展产业面，建立文化和旅游深度融合的文旅产业集聚区，充分释放文物和文化资源的价值。

大运河国家文化公园文旅融合区将加强优质产品开发，加强文艺创作传播，打造特色旅游产品，拓展周边衍生产品，塑造统一品牌体系，完善服务设施配套，丰富文化旅游发展业态，深化相关产业融合，提升文旅发展质量。

长征国家文化公园文旅融合区将综合考虑主题展示区布局、区域资源富集程度、现有红色文旅项目基础及未来发展潜力等因素，原则上以县（市、区）为基本单元划定文旅融合区，鼓励在重点展示园分布较集中的区域连片划定文旅融合区，特别是跨省跨区连片划定，以利统筹开发，发挥规模优势，促进区域协同联动。

四、传统利用区

传统利用区是国家文化公园中一个特殊且极其重要的功能区，体现了传统文化的当代价值和活化价值。它指的是城乡居民和企事业单位、社团组织的传统生活生产区域，合理保存传统文化生态，适度发展文化旅游、特色生态产业，适当控制生产经营活动，逐步疏导不符合建设规划要求的设施、项目等。

长城国家文化公园传统利用区将在长城沿线城镇中，重点选择属于原明长城"镇城""路城""卫城""所城""堡城""驿城和关城"以及长城戍边将士后裔居住村落等，处理好文化传承和保护开发的关系，选择一批具有浓郁长城特色、具备历史文化价值的民居建筑、历史文化街区、重要关堡城镇及长城村落等传统生活区域，逐步疏导不符合建设规划要求的设施、项目等，发掘活化长城非物质文化遗产，适度发展文化旅游和特色生态产业，适当控制生产经营活动，示范建设一批综合性"活态化"的古村落生态博物馆和原生态的社区博物馆，促进长城优秀传统文化的社区传承。

大运河国家文化公园传统利用区将加强大运河沿线历史文化名城、名镇、名村和街区、传统村落保护，尊重传统利用区在历史上形成的与大运河相关的空间功能关系，保护与传统文化、特色生态紧密关联的整体空间格局及其自然环境，传承传统优秀文化，保障居民发展权益，推动发展绿色产业，培育特色生态农业，适度发展休闲新业态。同时规范生产经营活动，严防生态环境破坏。

长征国家文化公园传统利用区由长征沿线历史文化名城名镇名村、历史文化街区、传统村落、少数民族特色村寨等组成。重点依托红军长征村、与长征史实紧密相关的镇和街区，形成传统利用与红色记忆延续、红色文化活态传承相结合的典范区域。

第四节　重点工程建设

如果说指导思想、建设目标、主体功能区等都是国家文化公园在规划层面的设想，那么要把规划落地，更好地实现文物和文化资源保护传承利用协调推进目标，就要落到具体的工程建设上。国家文化公园重点聚焦五项重点基础工程建设。

一、保护传承工程

实施重大修缮保护项目，对濒危损毁文物进行抢救性保护，对重点文物进行预防性主动性保护。长城国家文化公园将完善集中连片长城保护措施，加大管控力度，严防不恰当开发和过度商业化。大运河国家文化公园将结合抢救性保护，合理推进恢复部分大运河航段航运功能。长征国家文化公园将完善并公布长征文物名录，进一步加强长征文物和文化资源调查认定工作，建立并公布长征文物名录。

同时，提高传承活力，分级分类建设完善爱国主义教育基地和博物馆、纪念馆、陈列馆、展览馆等展示体系，建设完善一批教育培训基地、社会实践基地、研学旅行基地等。利用重大纪念日和传统节庆日组织形式多样的主题活动，因地制宜开展宣传教育，推动开发乡土教育特色资源，鼓励有条件的地方打造实景演出，让长城文化、大运河文化、长征精神融入群众生活。

二、研究发掘工程

加强长城文化、大运河文化、长征精神系统研究，突出"万里长城""千年运河""两万五千里长征"整体辨识度。加大国家社科基金等支持力度，构建与国家文化公园建设相适应的理论体系和话语体系。结合新时代特点，深入研究阐发推动红船精神、井冈山精神、长征精神、遵义会议精神、延安精神、抗战精神、西柏坡精神、"两路"精神等在沿线区域的传承发展。整理挖掘沿线文物和文化资源所荷载的重大事件、重要人物、重头故事，拍摄电视专题片长城之歌、大运河之歌、长征之歌。

三、环境配套工程

修复空间环境，发挥自然生态系统修复治理和水土流失治理、水污染防治项目作用，加强城乡综合整治，维护人文自然风貌。以《全国红色旅游公路规划（2017—2020 年)》等为依托，打通断头路，改善旅游路，贯通重要节点，强化与机场、车站、码头等衔接。推进步道、自行车道和风景道建设，打造融交通、文化、体验、游憩于一体的复合廊道。完善游客集散、导览导游、休憩健身、旅游厕所等公共设施，安全、消防、医疗、救援等应急设施，科研、会展等公益设施，宾馆、酒店和文化消费等必要商业设施，推进绿色能源使用，健全标准化服务体系。推出国家文化公园形象标志，串珠成线、连线成片，打造广为人知的视觉形象识别系统。

四、文旅融合工程

对优质文化旅游资源推进一体化开发。打造一批文旅示范区，培育一批有竞争力的文旅企业。科学规划文化旅游产品，在长城周边以塞上风光为特色发展生态文化游，在大运河淮扬片区发展水上观光和滨水休闲游，在长征沿线以"重走长征路"为特色发展深度体验游和红色研学旅行。推动开发文化旅游商品，扩大文化供给。推出参观游览联程联运经典线路，推动组建文旅联盟，开展整体品牌塑造和营销推介。

五、数字再现工程

加强数字基础设施建设，逐步实现主题展示区无线网络和第五代移动通信网络全覆盖。利用现有设施和数字资源，建设国家文化公园官方网站和数字云平台，对文物和文化资源进行数字化展示，对历史名人、诗词歌赋、典籍文献等关联信息进行实时展示，打造永不落幕的网上空间。依托国家数据共享交换平台体系，建设完善文物和文化资源数字化管理平台。

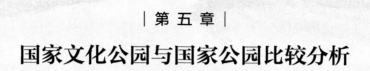

| 第 五 章 |

国家文化公园与国家公园比较分析

国家公园已经经历了上百年的发展历程，它的出现推动了自然保护事业的兴起和发展，不仅创造了人类社会保护自然生态环境的新形式，也引发了世界性的自然保护运动。当前，国家公园这种自然保护地的模式已经在全球通行。国家文化公园是一个全新的提法，彰显着中国特色社会主义道路自信、理论自信、制度自信、文化自信。国家文化公园是推动新时代文化繁荣发展的重大工程，整合的是具有突出意义、重要影响、重大主题的文物和文化资源。

国家公园偏"自然"，国家文化公园偏"文化"。两大类型公园既有不谋而合之处，也有和而不同甚至截然不同之处。对比其联系与区别，吸纳国家公园建设中的经验和启示，有利于国家文化公园实现更好的发展。

第一节　国家公园的发展历程以及中国实践

一般认为，国家公园（National Park），是指由国家批准设立并主导管理，边界清晰，以保护具有国家代表性的大面积自然生态系统为主要目的，实现自然资源科学保护和合理利用的特定陆地或海洋区域。

一、国家公园的起源及发展

国家公园是自然保护区的一种类型，其理念的起源最早可追溯至 17

世纪的欧洲，主要是为王室和宗教服务。到 19 世纪，随着工业革命的快速发展，大量土地和自然资源被人为开发，自然界遭到严重破坏，许多动植物资源迅速消失，引起了许多有识之士对环境保护的担忧。

也正是从 19 世纪开始，近代自然保护运动兴起。一方面，大量有关自然界的科学研究，如达尔文的进化理论，加深了人们对大自然的关注；另一方面，欧美地区当时已经有较为发达的公路与铁路系统，带来旅行的便利，许多旅行者在旅途中发现了原始生态之美，感受到大自然未经雕琢的天然魅力。同时，一些浪漫主义作家在作品中详细记述了自然风光与生灵之美，用优美、深刻的笔触强调自然美对于人类精神的疗愈作用，使"荒野"之美逐渐被公众所认可，成为一种新的价值追求。其中的代表作包括英国作家吉尔平所写的在英格兰、苏格兰的乡间游记，英国诗人华兹华斯歌颂自然风光的诗歌，美国作家梭罗的名著《瓦尔登湖》，以及被称为"美国国家公园之父"的约翰·缪尔所出版的大量作品。

正是在这样的背景下，"国家公园"的概念逐渐成形。这一概念最早由美国艺术家乔治·卡林特提出。在旅行途中，他看到美国西部大开发对印第安文明、自然荒野以及野生动植物产生了很大的破坏性影响，深感忧虑。1832 年，他发表了一篇主题为《美国野牛和印第安文明处于濒危状态》的文章，认为保护野牛和印第安文明的有效途径是建立国家公园。他写道："他们可以被保护起来，只要政府通过一些保护政策设立一个大公园"，"一个国家公园，其中有人也有野兽，所有的一切都处于原生状态，体现着自然之美"。

1872 年 3 月 1 日，经美国国会批准，在怀俄明州建立了黄石国家公园（Yellowstone National Park）。这是公认的世界上第一个国家公园。黄石国家公园占地面积约为 898317 公顷，主要位于怀俄明州，部分位于蒙大拿州和爱达荷州。整个公园包括湖泊、峡谷、河流和山脉，地貌丰富，

▲ 黄石国家公园

气候多变。同时，这里也是全美最大的野生动物保护区，居住着大量的野
生动物。

此后，国家公园在全世界范围内迅速发展。最初在 19 世纪，国家公
园主要出现在美国和英联邦国家（加拿大、澳大利亚、南非等）。进入 20
世纪，国家公园扩展到更多的国家，加拿大、德国、瑞士、瑞典、法国、
丹麦、西班牙等都设立了国家公园。加拿大的班夫国家公园（1885 年）、
瑞典的阿比斯库国家公园（1909 年）、瑞士的瑞士国家公园（1914 年）等
都是其中杰出代表。其中还有一些是在非洲和亚洲的殖民地国家设立的，
比如，比利时 1925 年在刚果设立了阿尔贝国家公园，英国在印度、斯里
兰卡、苏丹等国家发展了野兽保护区。

第二次世界大战后，随着生态保护运动在全球的影响力进一步扩大，
全球对生态环境日益重视，同时随着各国经济快速发展，人们生活水平提

高，对户外游憩的需求不断加大，世界旅游业快速发展，都促进国家公园取得了更大的进展。到 20 世纪 70 年代中期，全世界已有 1204 个国家公园。至 1993 年，全球国家公园及类似保护区数量达到 9832 处，总面积约 9.3 亿公顷，其中家公园 2041 处，面积约 3.7 亿公顷。

目前全球的国家公园体系日趋完善，逐步形成了三种代表性管理模式，分别为美洲自上而下管理型国家公园体系（以美国、加拿大为代表）、欧洲地方自治型国家公园体系（以德国为代表）和亚洲综合管理型国家公园体系（以日本和韩国为代表）。这些国家在国家公园管理体制、财政体制、文化遗产保护机制方面作出了有益的探索。①

二、中国国家公园的发展历程

自 1956 年起，我国开始筹建自然保护区，逐步建立了自然保护区、风景名胜区、湿地公园、森林公园、地质公园、水利风景区等不同类型的保护区。② 这些实践也为后来国家公园的设立奠定了基础。

1984 年，中国台湾省建立了第一个"国家公园"，即"垦丁国家公园"。这是我国第一个以"国家公园"为名称的保护区。

2006 年，云南迪庆藏族自治州通过地方立法成立香格里拉普达措国家公园，并宣告原已于 1988 年由国务院批准划入"三江并流国家重点风景名胜区"的有关地域为中国大陆地区的第一个"国家公园"。2007 年 6 月，该公园正式揭牌。

但事实上，我国所谓"第一个国家公园"并没有统一的认定，也存在

---

① 参见雷光春、曾晴:《世界自然保护的发展趋势对我国国家公园体制建设的启示》，《生物多样性》2014 年第 4 期。

② 参见安爽、曾博伟:《国家公园体制的建立与发展》，《中国旅游报》2018 年 1 月 8 日。

▲ 垦丁国家公园

说法不一的情况。这与不同部门之间的管理有一定的关系。比如，2008年6月，国家林业局发出通知，同意将云南省列为国家公园建设试点省，"以具备条件的自然保护区为依托，开展国家公园建设工作"。而同样是在2008年，环境保护部与当时的国家旅游局也宣布批准建设中国"第一个国家公园试点单位"——黑龙江汤旺河国家公园。这种矛盾，也显示了我国最初在建设国家公园方面存在的管理体制、划定标准等方面的混乱和不规范。

另一个例子是，1994年，由原建设部所发布的《中国风景名胜区形势与展望》绿皮书明确指出："中国风景名胜区与国际上的国家公园（National Park）相对应，同时又有自己的特点。中国国家级风景名胜区的英文名称为 National Park of China。"从 1990 年 9 月 3 日至 2007 年 4 月 2 日期间通用的"中国国家风景名胜区徽志"，以及现行通用（自 2007 年 4 月 3 日起）的国家级风景名胜区徽志图案也体现了这点，其圆形图案上半部为英文"NATIONAL PARK OF CHINA"（直译为"中国国家公园"）；下半部为汉语"中国国家级风景名胜区"全称（旧徽志汉字为"中国国家风景名胜区"）。

这种对"国家公园"概念和名称使用上的不一致，限制了国家公园的进一步发展，也显示出对国家公园体制重新进行梳理、界定的迫切需要。

2013 年 11 月，党的十八届三中全会首次提出建立国家公园体制。

2015 年 5 月 18 日，国务院批转发展改革委《关于 2015 年深化经济体制改革重点工作意见》提出，在 9 个省份开展"国家公园体制试点"。发改委同中央编办、财政部、国土部、环保部、住建部、水利部、农业部、林业局、旅游局、文物局、海洋局、法制办等 13 个部门联合印发了《建立国家公园体制试点方案》，其中提出要解决试点区域国家级自然保护区、国家级风景名胜区、世界文化自然遗产、国家森林公园、国家地质公园等禁止开发区域交叉重叠、多头管理的碎片化问题，形成统一、规范、高效的管理体制和资金保障机制，自然资源资产产权归属更加明确，统筹保护和利用取得重要成效，形成可复制、可推广的保护管理模式。

2015 年 9 月，中共中央、国务院印发的《生态文明体制改革总体方案》对建立国家公园体制提出了具体要求，强调"加强对重要生态系统的保护和利用，改革各部门分头设置自然保护区、风景名胜区、文化自然遗产、森林公园、地质公园等的体制"，"保护自然生态系统和自然文化遗产原真性、完整性"。

自 2016 年以来，全国陆续开展了普达措国家公园、三江源国家公园、钱江源国家公园、神农架国家公园、武夷山国家公园、东北虎豹国家公园、大熊猫国家公园、海南热带雨林国家公园、祁连山国家公园、南山国家公园等 10 个国家公园体制试点，取得了积极成效。目前我国初步形成了三种国家公园管理模式——中央和省级政府共同管理模式（以大熊猫和祁连山国家公园为代表)、中央直管模式(以东北虎豹国家公园为代表)和中央委托省级政府管理模式(以三江源和海南热带雨林国家公园为代表)。①

2018 年大部制改革决定组建国家林业和草原局,并加挂国家公园管理局牌子,将自然保护地纳入统一管理,建立以国家公园为主体的自然保护地体系。这是我国国家公园管理体制方面的重大变革。"这次改革,从时间维度看,使自然保护运动在生态文明建设新时代直接进入 2.0 版;从空间维度看,将所有自然保护地纳入统一管理,将解决保护地空间规划重叠的问题;在管理体制上,将从根本上解决'九龙治水'、交叉重叠等顽疾,改革的力度前所未有。这是中国国家公园发展进入新纪元的标志性事件,在自然保护领域具有里程碑式的划时代意义。"②

2021 年 10 月,在昆明举行的《生物多样性公约》第十五次缔约方大会领导人峰会上,我国宣布将正式设立三江源、大熊猫、东北虎豹、海南热带雨林、武夷山等第一批国家公园,保护面积达 23 万平方千米。这是我国在厘清国家公园相关概念、划定范围、管理体制等基础性工作后,首批正式认定的国家公园,具有极其重要的意义。

第二节 国家公园与国家文化公园的关系

"国家公园"与"国家文化公园"在名称上较为接近,在特征上也有一些相近之处。有一些学者认为,国家文化公园属于国家公园的一个

---

① 参见杨锐:《中国国家公园治理体系:原则、目标与路径》,《生物多样性》2021 年第 3 期。

② 唐芳林:《中国国家公园发展进入新纪元》,《中国绿色时报》2018 年 4 月 2 日。

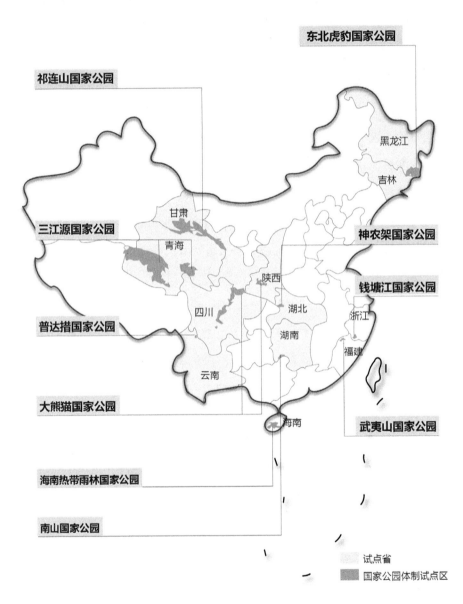

▲ 10个国家公园体制试点

分支。①但笔者认为，二者既有联系，也有本质区别，需要进行深入探讨。

一、国家公园与国家文化公园的联系

1.国家象征性

国家公园与国家文化公园都是国家的重要象征，其管理的资源都具有国家重要性、代表性。国家公园整合了本国具有代表性的生态环境、地质地貌与动植物资源等。我国第一批 5 个国家公园涵盖了近 30% 的陆域国家重点保护野生动植物种类，而且每一个都涵盖了所在区域典型自然生态系统以及珍贵的自然景观和文化遗产。例如，三江源国家公园实现了长江、黄河、澜沧江源头的整体保护，是地球第三极——青藏高原高寒生态系统大尺度保护的典范；大熊猫国家公园保护了全国 70% 以上的野生大熊猫；东北虎豹国家公园居住着我国境内规模最大、唯一具有繁殖家族的野生东北虎、东北豹种群；等等。

国家文化公园则整合了能够代表中华文化深刻内涵和特征的重要文化资源，是传承中华精神、传播中国故事的重要平台，增强国家文化软实力和中华文化的国际影响力，展示国家文化形象的生动载体。②长城国家文化公园展现了作为中华民族象征的长城，代表着中国人民的勤劳与智慧，也体现了热爱和平的民族性格；大运河国家文化公园彰显了大运河作为世界上开凿时间最早、流经距离最长、规模最大的古代运河，见证了中国古代社会变迁的重要历程；长征国家文化公园将壮美景观与长征革命精神融为一体，是中华民族精神在长征时期的集中体现；黄河国家文化公园、长

---

① 参见博雅方略研究院：《建设国家文化公园　彰显中华文化自信》，《中国旅游报》2020 年 1 月 3 日。

② 邹统钎、韩全：《国家文化公园建设与管理初探》，《中国旅游报》2019 年 12 月 3 日。

江国家文化公园将展现黄河、长江作为"母亲河",孕育出中华文明的厚重文化。

2.国家支持性

因为国家公园和国家文化公园都具有国家象征性,所以二者都是由国家批准设立并主导建设的,其发展要依靠国家的强有力支持。这种支持主要体现在几个方面:一是法规制度的支持。要从国家层面出台相关的法律法规、推进方案等,保障公园建设的合规性和推进力度。二是管理体制的支持。要从国家层面厘清最适合的管理模式,建立起强有力的管理机制和管理队伍,避免交叉管理、重叠管理等顽疾。三是政府经费的支持。要建立以政府投入为主导的经营制度,通过政府经费的支持做好生态保护、动植物保护、遗产保护与修复、科学研究、对外传播等工作。

3.社会公益性

国家公园和国家文化公园都具有社会公益性,要以人为本,体现"保护为主"和"全民公益性优先"的理念,建立全民共建共享机制。一方面,国家公园、国家文化公园涉及地域广大,要特别注意处理好沿线周边居民的利益问题,建立补偿机制,鼓励居民积极参与到公园建设中,在就业政策、培训政策、税收政策、贷款政策方面提供一定的支持,加强教育医疗、养老等方面的制度保障。另一方面,在国家公园、国家文化公园的开发利用中,要坚持公益属性,避免公园被当成"摇钱树",突出教育、宣传、文化传播等功能,并扩大公众参与度。

4.保护与利用

国家公园和国家文化公园都要处理好资源保护与合理利用之间的关系。首先,都要坚持保护至上,划分不同的管控等级,建立完善的保护机制;同时,可以对公园的自然和文化资源进行合理利用,国家公园可以开展自然教育、自然游憩、生态体验活动等；国家文化公园可以适度发展旅游业，通过文旅融合，实现自身"造血"功能，促进区域经济、社会协调发展。但同时都要注意避免过度商业化。

二、国家公园与国家文化公园的区别

1. 起源不同

"国家公园"的概念缘起于美国，是工业化进程和美国特有的历史、地理、文化因素共同造成的。19世纪后半期的美国，正处于工业化和城市化迅速发展的时期，同时也正是西进运动如火如荼的时期。西部的风景奇观被民族主义者推崇为可与欧洲历史文化相媲美的美国的象征，因此受到高度关注。西部大量荒野的存在为大面积国家公园的设立提供了现实条件，当时美国富足的经济也能为建设国家公园提供资金支持。[①]

而"国家文化公园"的概念是中国首先提出的，国外并没有这一概念，属于世界首创。中国之所以提出打造"国家文化公园"，也是由中国特有的哲学和文化基础决定的。与西方强调主客二分的哲学观念不同，中国人信奉"天人合一"。这一观念把人看作与自然一体相通，且将人作为客观世界判断的基本标准，致力于探讨天、地、人的关系问题。在中国人眼中，所有的景观本身就是带有"文化性"的，大自然中的一草一木都包含了文化内涵和美学含义。[②] 这种对自然与文化关系的认识，为自然空间承载文化内涵奠定了基础，也催生了国家文化公园概念的诞生。

---

① 参见吴保光:《美国国家公园体系的起源及其形成》，厦门大学硕士学位论文，2009年。
② 参见龚道德:《国家文化公园概念的缘起与特质解读》，《中国园林》2021年第6期。

2. 目标不同

国家公园保护的对象是更为具象的"实体",主要包括天然形成的环境和景观,如自然原野景观、原生动植物、特殊生态体系等。从目的和功能上来说,国家公园最重要的是提供保护性的自然环境以及保存物种及遗传基因。在这一前提下,再适度进行学术研究,提供国民游憩及繁荣地方经济。虽然一些国家公园里也有一定的文化内容,但往往是强调保持历史遗迹,而非提炼出某种文化内涵。因此,国家公园更多强调的是自然界脱离于人的一种"自在"状态。人要做的是通过人的保护行为,来保持自然界独立于人的存在。

而国家文化公园则恰恰与此相反。国家文化公园的诞生与发展,时刻都离不开"人"的存在。国家文化公园的设立,其主要目标就是展现民族的文化记忆和文化精神,而文化记忆和文化精神都与人的行为息息相关。无论是建设长城的艰辛、挖凿运河的坚韧,还是长征路上的热血,黄河、长江所哺育的族群,都是人的历史所构成的文化图景。从功能上来看,国家文化公园最重要的功能就是面向受众的文化教育与文化传播,是对人的教化。因此,国家文化公园所追求的目标更为"形而上",要凸显民族的精神追求和文化标识,成为展现国家精神品质的重要载体。

3. 形态不同

国家公园是"点状分布"的,虽然面积较大,但大多数还是在同一行政区或相邻行政区内,这也是由国家公园集中体现某一地区资源禀赋的特点决定的。我国首批 5 个国家公园也基本都符合这一点状分布的特征。

而国家文化公园大多是线性分布的。长城国家文化公园包括战国至明的长城,涉及 15 个省、自治区、直辖市;大运河国家文化公园包括京杭大运河、隋唐大运河、浙东运河 3 个部分，涉及 8 个省、直辖市；长征国家文化公园以中国工农红军一方面军长征路线为主，兼顾红二、四方面军和红二十五军长征路线，涉及 15 个省、自治区、直辖市；黄河国家文化公园涉及黄河沿线 9 个省、自治区、直辖市。

国家文化公园之所以呈现线性分布特点，一方面，长城、大运河、长征路线、黄河、长江作为国家文化公园的主体，本身就具有较长的空间延展性；另一方面，文明和文化本身也具有较大的延伸性、传播性，以文化的魅力覆盖了中国广袤的土地。国家文化公园通过物理空间的延展，恰好形成了一条中华文明的历史文化廊道，展现了文化所内在的传播力和影响力。因此，线性分布对于国家文化公园来说，也是一种再恰当不过的主动选择。

4. 管理难度不同

国家公园在地域上相对集中，因此在管理上也相对集中。2018 年设立国家公园管理局后，逐步形成了较为清晰的中央垂直管理机制。而国家文化公园跨度较大，对涉及的各行政区之间的协作程度要求更高。目前，对国家文化公园的管理体制还在探索中，需要建立起更加高效、协同、有力的管理模式。

第三节　国家公园对国家文化公园的启示价值

自国家公园建立距今已经有一百多年的发展历史，而国家文化公园还是新生事物。因此，国家公园在发展历程中积累的正反两方面经验，都可以为国家文化公园的发展提供一定的启示意义。

一、适时出台并不断完善法律法规体系

美国作为世界上最先建立起国家公园体系的国家，在一百多年间已经逐步形成了一套完整、系统的法律架构，充分体现出国家公园建设过程中立法先行性的特征。美国国家公园法律体系包括了国家公园基本法（规定了美国国家公园管理局的基本职责）、授权法（明确规定该国家公园单位的边界、它的重要性以及其他适用于该国家公园单位的内容）、原野法（它使美国国会有权命名联邦公有土地成为国家原野保护体系的一部分）、原生自然与风景河流法（目的是为了建立一个系统，以保护那些具有杰出的风景、休憩、地质、野生动物、历史、文化和相似价值的河流，使其保持自然状况）、国家风景与历史游路法（目的是为了促进国家风景游路网络的形成）、国家环境政策法（美国环境保护方面的基本大法）；部门规章和其他相关联邦法律。[①]

我国国家公园发展起步较晚，虽然还没有建立起一套完善的法律法规体系，但已经出台了一系列规章制度和地方性法规，正在逐步完善。

2017年9月，中共中央办公厅、国务院办公厅印发了《建立国家公园体制总体方案》。2019年6月，中共中央办公厅、国务院办公厅印发了《关于建立以国家公园为主体的自然保护地体系的指导意见》。云南出台了中国大陆首部国家公园地方性法规——《云南省国家公园管理条例》。这些经验，都值得国家文化公园在发展建设中借鉴。

国家文化公园也是新生事物，应该在发展之初就明确法治化的发展方向，加快推进国家文化公园相关立法论证，适时出台国家文化公园管理方面的专门性法律法规和具体实施办法，推动国家文化公园管理的法制化、

[①] 参见杨锐：《美国国家公园的立法和执法》，《中国园林》2003年第5期。

规范化。

同时，也应做好全国性立法与地方性立法之间的衔接。目前，贵州省已经率先出台了我国首部涉及长征国家文化公园的地方性法规——《贵州省长征国家文化公园条例》。在做好宣贯推广的同时，也应做好与长征国家文化公园所涉及的其他行政区的立法衔接、协同落实工作。

二、尽快厘清适合国家文化公园发展的管理机制

目前，世界上国家公园的管理大致可分为中央或联邦政府垂直管理、地方自治和综合治理三种。美国采用的是中央集权型的管理体制，最高领导机构为国家公园管理局，负责全国国家公园的政策制定、管理监督等，其下属的地方办公室直接管理该区域内的国家公园管理处，并且不受各州政府权力的干涉，各公园管理处则负责公园内项目的开展等内容。德国采用的是地方自治型管理体制，联邦政府制定各州相应立法的框架条款，德国环保部及下属的联邦自然保护局协助指导，各州政府基于条款发挥出的法律效应，负责对区域内国家公园进行实质性的管理。日本采取的是综合管理体制，中央政府负责制定国家公园管理法律法规、政策等，环境省自然环境局国立公园课以及下属的各地方的专管自然保护事务的自然环境局负责执行和落实相关法规、政策。[①]

需要指出的是，根据各国的实际情况，三种管理体制自身也产生了不少特色鲜明的操作模式。比如，加拿大国家公园的管理体制近似于美国，建立的也是联邦国家公园管理局，负责国家公园的划定、规划、运行和管理，以及相关管理政策和法律法规的制定等事务，内设多个事务部门，以

[①]　参见张文茜、李丰生、曹世武:《国外国家公园管理经验对广西的启示》,《河北旅游职业学院学报》2016 年第 1 期。

各公园为单位下设相应管理处负责具体执行，实行自上而下的管理体制。但加拿大采用了分级分类型特许经营管理模式。根据涉及经营活动与土地的关系，加拿大国家公园管理局通过派发许可证、租赁、许可、地役权等不同形式在游憩、住宿、零售等领域开展特许经营。

选择哪一种管理模式，需要根据国情实际需要。实施中央垂直管理可以更有效地对公园进行统一、规范、严格管理，保护国家公园生态系统的原真性和完整性。我国国家公园在发展过程中，也曾遇到涉及部门广、协调难度大的问题，部门之间能否有效协调是国家公园发展的一大挑战。因此，我国通过不断探索，逐步明确了国家公园实行中央垂直管理的模式，并通过机构改革将这一管理体制固定下来。

目前，我国国家文化公园的管理体制还没有明确，相关省市主要以临时工作专班的形式开展各项工作。由于国家文化公园涉及省市多、跨越距离长、工作内容丰富，临时专班在人员编制、机构稳定度等方面存在许多障碍，难以适应高标准的工作要求。因此，各省市普遍呼吁尽快推动国家文化公园管理体制改革，根据提高管理效率、发挥协同效应的目标，探索出适合国家文化公园发展的管理模式，通过理顺机制破除管理障碍，推动国家文化公园快速高标准发展。

三、处理好保护与利用之间的关系

国外国家公园的发展是走过弯路的，尤其是过度商业化开发，曾经给国家公园的发展带来破坏性影响。1915 年至 1929 年间，美国国家公园管理局确立并执行了以旅游开发为中心的政策，极力宣传国家公园的景观和娱乐价值，打造丰富多样的旅游项目，将国家公园打造成了颇受美国民众青睐的"国家游乐场"。但是，对国家公园的旅游开发也衍生出一系列环境问题。公路、饭店、营地等旅游基础设施的建设对国家公园的"原始荒野状态"产生了严峻挑战，游客过多引发过森林火灾、在岩石上刻字、攀折花草树木、乱扔垃圾、偷猎野生动物等破坏环境的行为。这些破坏性的影响遭到科学界和社会公众的质疑与批评。

我国国家公园在发展之初就明确了要处理好保护与利用之间的关系。《关于建立以国家公园为主体的自然保护地体系的指导意见》明确指出，坚持严格保护，世代传承，同时坚持生态为民、科学利用，探索自然保护和资源利用新模式，发展以生态产业化和产业生态化为主体的生态经济体系，不断满足人民群众对优美生态环境、优良生态产品、优质生态服务的需要。

国家文化公园在发展过程中，也要坚持处理好保护与利用之间的关系。国家文化公园以其丰富的文化内涵，具有天然的吸引力。在发展过程中，可以通过灵活多样的形式对资源合理利用，在重要文物和文化资源保护的基础上，通过研学旅游、红色旅游、生态旅游等旅游体验形式，融合相关联的文化创意演出、文化创意商品等项目，激活文化遗产新的活力。同时，要避免大开发大建设，把保护历史遗迹、突出精神内涵放在首位，避免劳民伤财的无谓建设。[1]

四、加强新技术手段在管理与服务中的应用

随着 VR、AR 等新技术在旅游活动中的普遍应用，加上新冠疫情在全球的流行使外出旅行风险加大，许多国家都开始使用新的科技手段向公众展示国家公园，为加强国家公园的宣传传播以及为游客游览国家公园提供了一种新的方式。

---

[1] 吴殿廷、刘宏红、王彬:《国家文化公园建设中的现实误区及改进途径》,《开发研究》2021 年第 3 期。

在美国，谷歌、Oculus 等科技公司与国家公园合作，推出 VR 游览国家公园的服务。我国国家林草局也推出"国家公园抢先看"全景 VR 服务。

国家文化公园在发展过程中，也应该适应当前技术发展形势与公众的游览需求，借助各种技术手段，向公众宣传推广国家文化公园丰富的资源，最大程度发挥文化传播功效。可以引入 VR、AR 等虚拟游览技术，发展在线导览，使游客足不出户就能体验国家文化公园的魅力，也增强公园的吸引力。

同时，由于国家文化公园跨越距离较远，"互联网＋"技术在跨区域协同管理中也应发挥更大的作用。在数据采集、数据管理、产品营销等方面，充分利用大数据、云计算等新技术，进行数据的实时分析；通过开发基于各地数据共享的云平台，实现高效的数据交互，提高国家文化公园的管理效率和服务水平。

| 第 六 章 |

国家文化公园建设的典型模式和经验总结

在近几年国家文化公园建设的工作推进中，各地都在积极探索。笔者根据地方调研以及掌握的信息梳理了多个案例，一些地方的独特经验和做法，极具启示价值。

第一节　相关省份的创新典型探索

当前，全国多个省份如火如荼地推进 5 大国家文化公园建设。正如前文所言，长城国家文化公园沿线涉及 15 个省区市，大运河国家文化公园沿线涉及 8 个省市，长征国家文化公园涉及 15 个省区市，黄河国家文化公园涉及 9 个省区，长江国家文化公园涉及 13 个省区。

在全国 31 个省市自治区，除了海南之外，其他省区市都涉及国家文化公园建设。涉及 3 个国家文化公园建设的省区市达到 5 个，而河南、青海更是涉及 4 个国家文化公园建设。

其中尤值一提的是，长城国家文化公园河北段、长征国家文化公园贵州段、黄河国家文化公园河南段等取得了良好的成绩，进行了一些积极的工作探索，建立了颇具特色的发展模式。

一、长城国家文化公园典型经验：以河北段和北京段为例

（一）河北段："三个坚持"做法

河北作为长城国家文化公园重点建设区，率先成立工作专班、专家咨询委员会，省市联动、部门协同，有力有序推进长城国家文化公园（河北段）规划建设。河北结合长城河北段沿线 9 市 1 区资源禀赋及建设实际，强力推动建设保护规划落地实施，全力推动四个重点段建设任务基本完成，建设提升一批高品位景区和文旅融合示范区，推出一批特色主题路线，创作一批长城题材文艺作品，总结一批可复制、可推广的成果经验，相关做法可以概括为"三个坚持"做法。

1. 坚持统筹规划，加强长城国家文化公园顶层设计

河北以"大格局、大视野、大境界"抓好规划设计，将长城国家文化公园建设与京津冀协同发展，在全国率先编制完成《长城国家文化公园（河北段）建设保护规划》，沿燕山、太行山脉串联起"两带、四段、多点"的空间布局和展示体系，同步指导各市编制好市级规划。

第一，突出文化内涵，弘扬长城精神。在体现"万里长城"整体辨识度的基础上，精心规划凝练长城河北段精神价值，"众志成城·雄关天下"山海关、"坚韧自强·金山独秀"金山岭、"和平开放·大好河山"大境门、"自信自强·冬奥胜景"崇礼，以 4 个重点段为引领，精心构筑民族性、世界性兼容的长城文化地标、文化名片，充分彰显中国特色、中国风格、中国气派。

第二，坚持保护第一、传承优先。《河北省长城保护条例》已经省人大常委会二次审议，将率先在全国范围内对长城国家文化公园建设保护立法。科学划定 840 平方千米的管控保护区，完善长城本体及周边管控措

施。做好长城周边旅游景区、建筑物整体风貌设计，确保与长城遗址遗存协调匹配。

第三，着力健全机制、系统实施。河北已编制完成规划配套的实施方案、项目推进方案、工作方案以及图册、画册、宣传片等资料，建立清晰明确的责任分工和落实机制，形成1个规划引领、3个配套方案支撑的"1+3"推进体系。

2.坚持国家标准，高质量推进长城国家文化公园建设

当前，河北聚焦五大工程，优化项目布局，明确投资主体，落实资金来源，形成了45个项目、总投资额287.4亿元的省级规划重点项目库。强化项目支撑，制定重点项目库建设与管理办法，多次组织长城国家文化公园项目推进会和现场调研督导，策划举办长城国家文化公园（河北段）重点项目招商推介、专项培训等投融资促进活动，拓宽重点项目融资渠道，高标准推动重大工程落地实施。健全项目台账，盯紧建设进度，督促各市聚力攻坚、开工建设建成一批长城国家文化公园标志性项目。

第一，做实保护传承工程，实施长城本体保护修缮、监测预警等重大项目，建设长城文化博物馆、太子城遗址公园等标志性展示载体，不断夯实长城保护根基。

第二，强化研究发掘工程，开展长城文化、长城精神研究，深入挖掘长城历史价值、文化价值、景观价值和精神内涵，使长城蕴含的丰厚历史文化资源鲜活起来。

第三，优化环境配套工程，建设提升风景道、导览导游、形象标识等公共服务设施，实施生态涵养和景观风貌保护修复，让长城沿线环境风貌靓起来。

第四，深化文旅融合工程，谋划实施融合示范区建设提升、产品培育、品牌塑造等系列项目，让长城文化因子迸发产业活力。

第五，创新数字再现工程，推进长城"互联网+"建设，提升数字化展示水平，倍增长城文化传播新动能。

目前，长城国家文化公园河北段已落实资金52.11亿元，已开工项目25个，太子城遗址保护利用、可阅读长城数字云平台一期等项目已基本竣工，金山岭文旅融合示范区提升等标志性项目建设任务大大提速。

3. 坚持活化传承，全面展示长城文化和旅游新风貌

在推进长城国家文化公园建设中，河北坚持活态传承的工作思路，建立长城河北段保护传承弘扬协同发展机制，推动长城沿线非遗系统性保护，打造长城非遗传播区域性活动品牌，加大文化和旅游的融合力度，开发出一批特色的长城文化旅游产品，推出一批跨区域长城游览经典路线。

第一，活化传承，合理利用。创新公园模式，促进优质文化旅游资源一体化开发，同时以旅游驱动沿线经济社会发展，优化城乡文化资源配置，加大文化惠民力度，使公园建设与人民群众精神文化生活深度融合、开放共享。

第二，突出特色，打造品牌。坚持文化引领，深入挖掘利用喜峰口长城抗战、黄土岭大捷、山海关保卫战、冀东根据地等沿线红色旅游资源，开展"爱中华·颂长城"长城之歌征集、"行走长城"采风创作、全国新媒体自驾游长城等主题活动，叫响"红色长城"。实施长城沿线环境综合整治、景观整体风貌修复，建设长城风景复合廊道，发布雄关听涛漫享游等主题特色线路，打造长城生态文化游全国样板，建设"生态长城"。开展长城文物文化资源数字化采集，推出可阅读长城数字云平台，创新场馆展陈体系，构建"数字长城"。策划推出"长城脚下话非遗"特色节庆、"长城人家"主题民宿、"冀游长城"经典线路、"冀忆长城"文创产品、"长城味道"特色美食等系列品牌，展示"魅力长城"。

第三，文旅融合，共建共享。建设提升金山岭长城、白羊峪长城、崇

▲ 长城沿线非遗图

礼太舞小镇等一批高等级景区和度假区。紧扣长城主题，积极培育文化演艺、会展房车、温泉滑雪、低空飞行、康养体育、研学旅行等一批新业态产品，创作生产富有地域风情、文化特色的文创产品，打造大境门商堡、太子城冬奥等22个文旅融合示范区和642个传统利用区，持续放大文化和旅游融合发展的辐射和外溢效应，推动实现文化、经济、社会和生态效益相统一。

（二）北京段："六个一"做法

北京境内长城因历史上拱卫都城而布防严密、建造坚固，是中国长城的精华段落、杰出代表。2019年12月，北京市委市政府高位协调，在北京市推进全国文化中心建设领导小组原有8个专项工作组的基础上，增设了国家文化公园建设专项工作组，统筹推进国家文化公园建设。长城国家文化公园建设由市文物局、市文化和旅游局、市发展改革委会同相关市级部门和长城沿线6区共同协调推进，积累了一些好的经验，取得了一定成效，相关做法可以概括为"六个一"做法。

1. 以谋篇布局为引领，编好一个规划

北京高度重视规划编制工作，选择高水平专业团队扎实细致编制完成《长城国家文化公园（北京段）建设保护规划》。经过多轮征求意见、专家论证、专题研讨，2021年2月20日，北京市推进全国文化中心建设领导小组办公室专门召开专题会，审议通过了规划送审稿，确定了北京段作为"中国长城国家文化公园建设保护先锋队""服务首都及国家对外开放文化金名片"的形象定位，以及长城精神与文旅融合，服务首都以提升国际影响力、带动区域整体发展的建设目标。

2. 以本体保护为基础，抓好一项工程

坚持"保护为主，抢救第一"的工作方针，始终把长城抢险作为重中之重。党的十八大以来，北京市共开展长城抢险修缮工程 49 项，投入资金 3.2 亿元。自 2019 年起，从亟须抢救的长城点段着手，每年分批分期，有序推进实施长城抢险加固工程，以支顶加固为主，重点解决排水不畅、坍塌滑落、墙体开裂等问题。目前已完成 20 项，未来还要把工作重心由长城一般性抢险加固向研究性修缮转变，形成长城保护修缮可复制、可推广的北京经验。

3. 以研究实践为支撑，用好一个基地

北京市怀柔区箭扣段长城总长 15 千米，是北京长城"惊、险、奇、特、绝"的典型代表。保护修缮工作自 2017 年启动以来，历经三期修缮，不断探索创新工程实践，坚持"最小干预原则"，形成了考古先行、设计驻场、质监站全程监督的一整套成熟经验，最大限度保持了长城遗产的真实性，得到国家文物局领导和各方专家的高度肯定。2020 年 9 月，在箭扣长城脚下成立了全国首个长城保护修复实践基地，总结提升箭扣长城的保护理念和实践经验，组织专家开展学术研讨，逐步把基地打造成国内外长城维修保护的经验交流平台，力争在长城保护与展示利用方面发挥更大作用。2021 年，箭扣长城启动四期修缮工程，在箭扣长城率先开展长城研究性修缮项目，推动预防性保护落地实施，为全国长城保护工作提供可借鉴的经验和方法。

4. 以重要点段为突破，实施一批项目

北京按年度制定折子工程，细化目标任务并抓好落实。围绕中国长城博物馆改造提升这一国家文化公园重点项目，组织市发改委、财政、文旅、文物等部门多次专题研究、统筹落实。目前，中国长城博物馆建设的概念性方案已经形成，明确了"严格管控""景观协调""价值引领""绿色生态"等原则，并且确定了博物馆的定位。南口城墙、吉家营城堡、蟠龙山段长城等一批抢险项目顺利完工，九眼楼生态长城基础设施及整体环境实现提升，完成居庸关云台—叠翠书院修缮、古北口长城抗战纪念馆改造，分期开展风沙源治理和绿化、管护工程，修复长城赋存环境。

5. 以全面管护为目标，建好一支队伍

北京市按照区级统筹、镇（乡）级主体、村级落实的责任分工，设立专项资金，组建了一支 400 余人的长城保护员队伍，其中专职人员 300 余人，进行全员培训、持证上岗，实现长城重点点段全天巡查、一般点段定期巡查、出险点段快速处置、未开放区域科学管控，形成全覆盖、无盲区的长城遗产保护网络。

6. 以展示利用为抓手，打造一个品牌

2020 年在北京市委宣传部统筹指导下，在市级层面举办了为期两个月的首届北京长城文化节，推出学术论坛、展览展示、创意大赛、实景演出、旅游民宿等 20 多项线上线下活动，打造北京长城文化品牌。2021 年北京长城文化节采用"2+9+N"活动体系，形成了学术交流、展览展示、红色传承、冬奥活动、文艺创作、公众参与、文体融合、村落民宿、文物保护等多板块互动。北京长城文化节已经取得了巨大成功，北京长城文化系列节庆活动已被国家文化公园建设工作领导小组列入长城国家文化公园重大工程建设方案，成为国家层面重点项目中唯一节庆活动品牌。

二、长征国家文化公园典型经验：以贵州段和甘肃段为例

（一）贵州段："五高"做法

贵州省作为长征国家文化公园重点建设区，承担着重点建设、示范引领的使命。启动建设以来，贵州省高位推动、规划先行、项目引领、强化保障、建管并重，重点建设区各项工作扎实推进，取得了积极进展，形成

了一些经验，探索形成了"五高"做法。

1.高位推动，建立专班运作机制

组建了贵州省委主要领导为组长、省政府主要领导为第一副组长的长征国家文化公园建设工作领导小组，省委常委、宣传部部长任领导小组办公室主任，并抽调人员组成工作专班。明确内容建设、规划指导、政策支持、资金保障、数字再现、工程实施"六大板块"工作任务，建立起省领导小组办公室为总牵头和总调度的专班运行工作机制。印发了工作责任清单、重点项目清单，明晰工作责任和建设任务，清单化推进实施和调度督导项目建设。

2.高起点谋划，找准定位规划先行

突出贵州作为党和红军"生死攸关命运转折之地"的鲜明特色，确立了"一核、一线、两翼、多点"的总体架构（一核：以遵义会议会址及周边文物为核心；一线：以中央红军长征路线为主线；两翼：以红二、红六军团长征遗迹为两翼；多点：其他具有代表性的节点）。率先编制完成《长征国家文化公园贵州重点建设区建设保护规划（送审稿)》，规划建设以遵义为核心，由14个展示园、10条展示带、众多展示点构成的建设保护体系。

3.高标准项目引领，实现重点突破

明确"以线串点扩面""轻资产、重内容、新方式"的建设思路，按省市县三级进行分层，按"六大工程"进行分类，按近中远期进行分期，谋划实施400多个项目，并筛选其中重点项目，明确了"1+3+8"标志性项目体系［1个核心项目：遵义会议会址展陈提升及环境整治项目；3个特色项目：中国工农红军长征纪念馆及长征纪念小镇、长征数字科技艺术馆、长征数字云平台；8个重点项目：红二、红六军团长征贵州综合展示园、遵义战役纪念园、遵义集中展示带（四渡赤水集中展示带）、长征文物保护修缮工程、《伟大转折》演艺综合体、"重走长征路"研培体验工程、石阡困牛山战斗遗址保护展示园、乌蒙山回旋战遗址遗迹保护展示园]。贵州省"1+3+8"标志性项目，均有对应项目纳入《长征国家文化公园建设保护规划》。目前，正以标志性项目为重点突破带动全局，分层分类分期体系化推进项目建设，遵义会议会址展陈提升及环境整治等一批标志性项目建设取得突破性进展。

4.高强度保障，加大投入力度

通过向上申报争取、整合部门资金、吸引社会投资等多方面筹措建设资金。上报172个打捆项目，申请纳入国家"十四五"规划重点项目库。一批项目得到了中央预算内资金、国家新增地方政府专项债券资金支持。强化资源整合，统筹协调文旅、交通、住建、大数据等部门资金投入建设保护工作。探索设立有关基金，开展招商引资，吸引社会资本参与项目建设。

5.高质量发展，建管并重突出长效

从法律层面规范长征国家文化公园建设、保护、管理工作，《贵州省长征国家文化公园条例》于2021年7月1日起正式实施，为全国第一个长征国家文化公园领域的地方法规。推进管理体制机制建设，在贵州省委宣传部增设长征国家文化公园协调指导处，具体负责统筹协调全省相关工作。拟建贵州省长征国家文化公园管理机构，承担建设保护业务工作；相关市（州）积极推进机构和队伍建设工作，省委编办批准遵义市设立了正处级事业单位编制的有关干部学院机构，批准铜仁市设立了副处级事业单位编制的有关纪念馆机构。

（二）长征国家文化公园甘肃段："三个坚持"做法

长征国家文化公园建设工作启动以来，甘肃省认真贯彻落实中央关于国家文化公园建设的总体部署，注重发挥重点建设区示范引领功能，坚持文化遗产保护与利用并重，传承弘扬历史文化，形成了"三个坚持"的做法。

1. 坚持整体谋划，科学编制建设保护规划

作为长征国家文化公园重点建设省份，充分挖掘全省长征文物资源价值，结合保护利用工作实际，高水平组织人员精心编制建设保护规划。

具体来看，积极开展革命文物资源调查，鉴定定级全省可移动革命文物，公布全省革命文物名录。推荐申报山城堡战役旧址、河连湾陕甘宁省苏维埃政府旧址被国务院公布为全国重点文物保护单位。报请甘肃省政府公布了会宁红军会师旧址、俄界会议旧址、南梁陕甘边区革命政府旧址保护规划。在此基础上，编制完成了以"一线、两区、多节点"为空间布局，突出活化传承和合理利用，核心展示园、集中展示带、特色展示点互为支撑、互相串联的分层次多元化的建设保护规划。"一线"，以红军进入甘南至会宁会师线路为主线，建设核心展示园；"两区"，建设会宁至南梁转战奔赴陕北革命根据地和红西路军征战河西长征文化集中展示片区；"多节点"，结合长征文化资源的精神内涵和宣传教育的时代价值，在全省范围内重点打造以会宁红军会师旧址、南梁革命根据地旧址等为主要代表的十大建设保护节点，充分体现中华民族伟大创造精神、伟大奋斗精神、伟大团结精神、伟大梦想精神，焕发新时代风采。

2. 坚持保护为主，高效推进重大项目建设

着眼重点建设区 2021 年完成建设任务时间节点，围绕国家文化公园保护传承等五大工程，精心谋划推动落实长征文物本体抢险加固、环境整治、展示利用等项目 110 项，有效改善了文物本体的保存状况，优化了文物保存环境风貌，为长征国家文化公园建设提供了良好的资源支撑。同时，甘肃主动对接国家部委，谋划设计"十四五"时期长征国家文化公园标志性和重点项目。

具体来看，以革命文物保护利用工程实施和革命文物保护利用片区建设为引领，提升重要长征文物保护利用水平。与陕西、宁夏建立陕甘宁片区革命文物保护利用协作机制，编制完成了陕甘片区、陕甘宁片区保护利用规划和分县区项目规划，其中27个项目已启动实施。长征片区和红西路军片区保护规划编制工作正在开展。突出"胜利大会师"，安排经费8200多万元，组织开展会宁红军会师旧址建筑基础保护工程、联欢会会址修缮、俄界会议旧址消防等40多项重点保护项目，有力改善了长征文物的保存状况，重要长征文物险情基本排除，基础设施得到显著改善。

3.坚持传承创新，盘活文物资源价值

甘肃是红军长征途经地域最广的地区之一，红军胜利大会师发生地。按照习近平总书记让文物活起来的重要指示精神，甘肃在文物的价值研究和展示利用上下功夫，围绕有效服务长征国家文化公园建设，强化文物的活化利用。

甘肃不断深化价值研究，坚定文化自信，支持省内外文博单位和高校成立专门学术机构，共同开展以长征国家文化公园为重点的综合研究，对国家重大战略实施形成坚实学术支撑。同时，多措并举推动展示利用，支持甘肃省博物馆"红色甘肃走向一九四九"展览数字化等项目建设，开展云游博物馆、网络直播等活动上百场次。

三、黄河国家文化公园典型经验：以山东段为例——"四强"做法

九曲黄河，自山东东明县入境，由垦利区注入渤海，在山东境内绵延628千米，滋养了齐鲁大地，哺育了齐鲁儿女，孕育了齐鲁文化。山东省坚持"地处黄河下游、工作力争上游"的指导方针，高起点谋划、高质

量建设黄河国家文化公园，以"四强"整体思路扎实推进相关工作的深入开展。

1.强化组织领导，建立工作体制机制

山东省委、省政府高度重视黄河国家文化公园建设推进工作，成立了由省委常委、宣传部长任组长，分管文化工作副省长任副组长，15个部门单位主要负责同志为成员的山东省国家文化公园建设工作领导小组，成立了专家咨询委员会，山东省发改委具体负责建设协调推进工作。山东省委办公厅、省政府办公厅印发了《山东省国家文化公园建设实施方案》，进一步明确了山东省建设国家文化公园的范围、内容、目标、主要任务和责任分工。山东省形成了"省负总责、市县抓落实"的工作推进机制。2021年6月，全国黄河国家文化公园现场推进会在山东济南召开，有力促进了山东省各项工作开展。

2.强化顶层设计，高标准编制规划

加强与《山东省黄河流域生态保护和高质量发展规划》编制工作的统筹衔接，坚持一体谋划、一体设计、一体推进。按照《黄河国家文化公园建设实施方案》要求，根据山东黄河人文自然资源分布特点、保护传承弘扬现状与齐鲁地域文化特征，认真梳理了沿河各类文化遗产和资源种类、数量、分布和保护情况，编制完成了《山东省黄河国家文化公园建设保护规划》。《规划》以保护传承弘扬黄河文化为主线，突出黄河入海、泰山、孔子、沂蒙精神等山东特色的文化地标和精神标识，深入挖掘黄河文化蕴含的时代价值和精神内涵，讲好新时代齐鲁黄河故事，努力打造展示黄河文明重要窗口、世界文明交流互鉴高地。

3.强化项目带动，组织实施重大工程

加强项目谋划和储备，经过反复筛选和优化，全面梳理文物保护展示利用、非物质文化遗产传承、文化旅游长廊、文化交流合作等黄河国家文化公园建设保护项目 60 余个，优选出 20 个重点建设项目申请纳入国家"十四五"文化保护传承利用工程。推动黄河三角洲生态文化旅游示范区、齐河博物馆群等黄河国家文化公园项目列入省"十四五"规划、新旧动能转换优选项目。加快大汶口文化遗址等国家考古遗址公园建设，推进曲阜三孔等重大文物保护工程，实施黄河口生态旅游区等 5A 级旅游景区建设等。把生态景观营造作为黄河旅游开发的前提，高标准推进黄河岸堤、黄河入海口湿地、东平湖、黄河故道等一批骨干生态修复工程。完善黄河干线旅游交通设施，建设黄河自驾车旅游廊道，提升黄河沿线景观设计和旅游标识。

4.强化平台搭建，讲好山东黄河故事

深入挖掘黄河文化蕴含的时代价值，统筹推进黄河文化、儒家文化、红色文化、运河文化等融合发展，推动中华优秀传统文化创造性转化、创新性发展，用生动实践立体展现了黄河故事山东篇章。会同相关部门，协调沿黄 9 市成立了山东黄河流域城市文化旅游联盟，着力打造区域黄河文化旅游发展共同体。成功举办了"亲近黄河　情系齐鲁"2020 年山东省"大家唱"群众合唱展演等系列活动，将黄河文化列入"大家创"首届全省公共文化机构文创大赛重要主题，组织开展了黄河文化主题美术创作展。积极开展黄河题材文艺创作，全省已创作黄河主题艺术作品 300 余部，涌现出《黄河入海》《大河开凌》《一船星光梦》《游百川》《跑旱船》等一批优秀作品。《黄河入海》交响音乐会作为沿黄九省（区）舞台艺术展演首场演出，用文艺的形式讲述新时代黄河故事、山东故事。同时，以黄河滩区迁建、实现群众"安居梦"为主题，积极推进吕剧《一号村台》创排。推动黄河历史文化遗产进课堂、进社区、进企业、进机关活动，让黄河文化可见、可感、可亲。

第二节　相关市县的创新典型探索

事实上，在推进国家文化公园建设过程中，一些市县也积累了宝贵的经验，抓住地方资源优势、项目特色等写出了精彩的文章。

一、大运河国家文化公园杭州段：以做好 6 篇文章为总目标

中国大运河杭州段全长约 188 千米，包含杭州塘、上塘河、中河、浙东运河、余杭塘河等河道，流经临平、余杭、拱墅、西湖、上城、滨江、萧山 7 个城区。2002 年，杭州市第九次党代会把运河（杭州段）综合保护与整治开发列为杭州城市建设"十大工程"之一，正式拉开了杭州运河综合保护与整治开发的序幕。杭州市围绕"还河于民、申报世遗、打造世界级旅游产品"三大目标，连续十多年实施运河综合保护与整治工程，累计投入保护建设资金约 500 亿元，基本完成了"还河于民""申报世遗"等阶段性历史任务，为"打造世界级旅游产品"奠定了基础。自 2017 年习近平总书记对大运河作出重要指示以来，杭州进一步提高站位，深入推进新时期的运河综保工程，同时以大城北地区为空间载体，创新推动大运河（杭州段）国家文化公园样板建设，通过"统筹规划、生态保护、项目抓手、文化引领、产业培育、运营前置"等市场化手段实现文化性、公益性项目运营成本和收益平衡，取得了积极成效。具体来说，就是着力做好"六篇文章"。

（一）做好"统筹规划"的文章，绘好蓝图，精细落地

坚持"以人民为中心"理念，以城市区域定位和人民需求为出发点，

▲ 大运河国家文化公园杭州段

在大城北范围内划定 3.5 平方千米示范区，创新性地提出了"策划规划、控制性详细规划、城市设计导则、标杆项目建筑设计"四位一体统筹推进的规划工作理念和方法，从宏观、中观到微观一脉相承控制城市总体定位、功能分布、建筑风貌和公共空间品质，高标准打造城市副中心。其中，京杭大运河博物院、大运河滨水公共空间、大城北中央景观大道、大运河杭钢工业旧址综保项目等 6 个项目组成的"大运河世界文化遗产公园"，总投资超过 200 亿元，2019 年年底上报国家发改委并成功列入国家文化公园标志性工程清单。

（二）做好"生态保护"的文章，以水为脉，品质开放

坚持绿色发展理念，统筹滨水空间打造、土壤修复治理、运河综合提

升，优化河网流域生态系统，不断提升环境面貌和居民生活品质。一是以"水"为题，打造开放共享大运河滨水公共空间。充分发挥大城北山水资源优势，以大运河、电厂河、杭钢河的 18 千米环形水网为基底，串联两岸滨水公共空间和生态公园绿地，联动半山森林公园、铁路两侧线性绿化带，形成串联式生态环境网络体系。二是治"土"为要，全面推进杭钢、炼油厂区块土壤污染治理。杭钢首发区块在 6 个月内完成修复治理工作并通过验收、移出污染名录，成为 2019 年 1 月《中华人民共和国土壤污染防治法》实施以来新开工项目中全国第一宗移出污染名录的地块，同时也是进度最快的项目。三是优化提升，对京杭运河老城区段 15.2 千米（三堡船闸—石祥路）两岸进行贯穿联通、功能完善和景观提升，打造 7 平方千米的绿色、生态、活力、开放的城市文化生态廊道。

（三）做好"项目抓手"的文章，标杆引领，全面推进

按照"中华民族重要的文化标志"的目标定位，探索实践项目全生命周期管理理念，以项目的市场定位和运营管理需求为出发点，实现项目策划、规划、设计、施工、运营、管理整套闭环，推动国家文化公园的高标准建设和可持续运营。一是邀请赫尔佐格和德默隆、隈研吾、刘家琨、马岩松等世界级设计团队参与标志性项目的方案设计。二是目标导向，并联推进，严格考核，抓好项目前期与项目开工，2020 年 12 月 31 日，国家文化公园标志性工程全部实现集中开工，跑出了当年设计、当年立项、当年开工的"加速度"。三是推进京杭大运河博物院、大运河杭钢工业旧址综保项目等重大标志性项目的实体化运作，实现项目全生命周期可持续运营。

（四）做好"文化引领"的文章，艺文营造，以文塑城

不断挖掘大运河杭州段的精神内核和时代价值，以"千年运河"为品牌，构建具有杭州特色的五大文化旅游品牌系列活动，多形式、多角度、全方位展现运河杭州段的活态保护、传承与利用。2019年倡议并成功举办中国大运河文化带京杭对话。每年元旦举行的新年祈福"走大运"活动荣获2021年北京世界休闲大会国际休闲生活案例金奖。"郎朗杯"中国大运河国际钢琴艺术节、大运河庙会、京杭大运河国际诗歌大会等活动也都精彩纷呈，成为具有影响力的文化品牌系列活动。目前，上述五大品牌活动全部列入国家《大运河文化保护传承利用"十四五"实施方案》重点活动。

（五）做好"产业培育"的文章，创意引领，创新驱动

以大城北核心区和运河沿线为主要发展空间，结合产业政策导向、区域资源禀赋及周边产业平台发展现状，重点培育发展数字经济、文化旅游和水上产业三大主导产业。数字经济产业依托区域内的土地、生态和环境优势高标准打造大运河数字文化科技产业园，目标是成为老工业区腾笼换鸟、凤凰涅槃、转型升级的全国样板，创建国家文化和科技融合示范基地。文化旅游产业以区域内的京杭大运河博物院、运河湾国际旅游休闲综合体、大城北中央景观大道、大运河未来科技艺术中心等文旅设施为载体，通过水上观光游线和滨水空间绿道串联各类优势文旅资源，形成以文化场馆、历史街区、工业遗存为重要节点的运河特色文化休闲产业带。水上产业依托运河水域、岸线、码头、场站等核心资源，围绕水上交通、水上旅游、水上休闲等消费领域投资和经营，通过夜景灯光、水陆交通枢纽等水上游线核心产品投资建设，形成以漕舫、游艇、水上餐厅、水上巴士

等为载体的特色水上黄金旅游线路，建立全层次的水上旅游产品体系，打造体现杭州城市韵味的世界级水上旅游产品。

（六）做好"运营前置"的文章，自我平衡，良性循环

围绕项目经营，对于大运河国家文化公园杭州段规划建设的文化标杆项目，按照市场化原则引入社会资本参与经营，通过市场化手段实现文化性、公益性项目运营成本和收益平衡，实现可持续经营。一是项目投资市场化。对于区域内住宅用地（含商住）、商业商务用地和创新型产业用地，全部按照国内一流的标准招商引入头部企业进行市场化开发，充分发挥市场投资的放大效应。二是运营市场化。对于大城北规划建设的文化标杆性项目，坚决按照市场化原则引入社会资本参与经营，通过市场化手段实现文化性、公益性项目运营成本和收益平衡，实现可持续经营。三是养护管理市场化。制定统一的运河沿线游步道、绿化、河道、水体养护和管理的规范、标准，沿线属地共同委托一家市场化单位统一养护管理，从而实现管理养护的标准化和品质。

二、黄河国家文化公园三门峡段：以沿黄文化旅游廊道建设为示范引领

黄河国家文化公园建设启动以来，河南省三门峡市加快规划实施百里黄河生态廊道建设，按照"一廊三段多节点"的总体布局，通过加固提升道路，绿化美化沿途景观，治理入河支流，沿着黄河这条主线，把湿地串起来，把中心城区与乡村串起来，把三门峡黄河文化元素串起来，让黄河融入城市发展，让绿色生态成为母亲河的裙摆。

（一）规划先行，高位推动

三门峡对黄河沿岸（三门峡段）206 千米岸线进行统一规划，打造集区域统筹、生态保护、民生改善、乡村振兴和文旅繁荣于一体的复合型生态廊道，梳理明确"三门峡百里黄河生态廊道暨文化旅游廊道"的战略目标，确定"一利用（充分利用现有道路）、二避让（避让基本农田、避让湿地核心区）、五结合（线型与地形地势相结合、线路与黄河距离远近相结合、历史文化与旅游休闲相结合、生态保护与城镇发展相结合、节点提升与亮点打造相结合）"规划原则。同时，三门峡根据建设黄河国家文化公园和文旅强省战略的要求，进一步推动实施"串珠工程"，在沿黄道路

▲ 黄河国家文化公园三门峡段

植入文旅要素，打通沿黄 A 级景区，全力打造百里黄河文旅复合廊道。

（二）生态优先，筑牢屏障

三门峡坚持"规划到哪里，林业生态绿化跟进到哪里，技术指导跟进到哪里，管护检查督导跟进到哪里"指导思想，遵循规划引领、分类指导、因地制宜、适地适树的原则，编制实施了道路、滩区、高台斜坡、山区 4 个绿化规划。结合黄河河道清理整顿，先后清理整顿船只 463 艘，拆除周边违建码头 11 处，关停非法采砂点 51 处，治理整顿铝土矿矿山企业 33 家，完成矿区恢复治理面积 1.55 万亩，极大改善了沿黄生态环境，进一步筑牢沿黄生态安全屏障。而生态文旅廊道功能初步显现，已成为网红打卡地和高质量发展典范。

（三）项目带动，强化支撑

三门峡突破全市行政区域限制，提出建设文旅"一带一廊六区"总体发展布局。通过沿黄"一带一廊"（豫西生态文化旅游带、早期中国文明长廊）将黄河文化传承创新区、长征国家文化公园重要展示区、小秦岭旅游览胜区、研学旅游体验区、深呼吸生态康养区、三门峡东部文旅融合观光区等"六区"进行有效链接。谋划天鹅湖旅游度假区、灵宝老子文化传承振兴工程、湖滨区沿黄文化公园、仰韶黄河文化综合示范区、卢氏段和陕州区文旅开发提升项目、庙底沟和仰韶村国家考古遗址公园、北阳平遗址群保护性展示工程等 13 个整体性文旅项目，总投资近 400 亿元，目前动工 10 个项目已完成投资 30 亿元，为传承弘扬黄河文化、推动城市高质量发展奠定扎实基础。

（四）文旅惠民，凸显成效

沿黄文旅廊道的重点项目"湖大"（湖滨车站到三门峡大坝）线观光火车，有效利用废弃资源，重现三门峡大坝光辉建设历程，自 2020 年 10 月全线开通以来，累计接待游客 3 万余人，收入 92.5 万元，带动周边群众上百人就业增收。复合廊道一期西段集夜游、夜购、夜娱功能的秦人码头项目，涵盖文艺晚会、非遗展示、水幕电影、美食温泉以及扶贫产品展销等内容，配以 80 户经营单位，运营近 5 个月时间共接待游客约 120 万人次，收入 1700 万元。位于一期廊道中部的后地村，借助廊道经济的东风，千年枣林、千亩荷塘、黄河古渡、旅游民宿得到充分开发，观光游客络绎不绝，廊道周边经营单位达一百余个，直接经济效益千余万元，形成了一手抓生态保护、一手抓高质量发展的乡村振兴新画卷。

三、长征国家文化公园宕昌段：以哈达铺镇为重点辐射带动周边发展

长征国家文化公园建设启动以来，甘肃省宕昌县抢抓机遇，多措并举，以公园建设的新理念，牵引红色文化发展，扎实推进"四大功能区"建设，牢牢抓好"五大工程"落实。宕昌县境内的哈达铺镇更是被誉为红军长征路上的"加油站"，在红军长征历程中具有重要地位。宕昌县打造了以哈达铺会议旧址为重点，辐射带动周边红色资源、优质旅游资源和传统产业联动发展的新格局，走出了一条特色鲜明，亮点突出的长征国家文化公园建设之路。

（一）全力保护长征文物资源，文物保存状况明显好转

哈达铺是红军长征的重要节点，红军在此停留时间较长，遗存遗迹丰富且十分珍贵。2001 年，国务院将哈达铺会议旧址列入全国重点文物保护单位，包括毛泽东、张闻天同志住室（义和昌药铺）、邮政代办所等 5 处。宕昌县将哈达铺红军三十军军部旧址等 3 处公布为县级文物保护单位。在红军街上，还有叶剑英住室、林伯渠住室等十余处革命遗址，正在有序开展认定定级工作。在国家文化公园建设中，哈达铺立足强化文物安全，提升保护水平，启动了革命旧址保护工程。2020 年，争取中央和省级财政文物保护专项经费近 1600 万元，实施了哈达铺会议旧址保护修缮工程（一期）、消防安防设施建设等一批项目。目前，项目正在有序开展，部分建设内容已基本完工。保护工程的实施，有力改善了哈达铺长征文物的保存状况，为开展党史学习教育、爱国主义教育，发展红色旅游等提供

▲ 哈达铺会议旧址

了优质资源。

（二）稳步有序开展项目建设，重点项目推进扎实有力

2021 年，哈达铺长征历史文化街区综合建设项目被确定为文化保护传承利用工程国家文化公园建设项目。在中央财政建设经费尚未下达的情况下，哈达铺镇主动作为，不等不靠，在甘肃省市有关部门支持指导下，积极开展项目建设前期准备工作和其他配套工程。针对重大项目开工前期手续繁杂的情况，宕昌县委县政府领导牵头，组织有关部门认真研究，主动对接省市部门，加快审批流程。针对项目建设内容多、要求高的情况，宕昌县本着规划先行的原则，积极组织开展项目总体规划和具体实施方案的编制工作，目前进展顺利；针对街区基础设施薄弱的情况，启动了电力、供水、排水、停车场等项目，将公园建设与改善人居环境相结合，带动提高周边居民生活质量；针对红军街风貌较差的情况，哈达铺镇下大力气，围绕电线电杆布设牵拉较乱、路面材质破损、街道两旁房屋年久失修等问题，制定了县领导包抓的整改方案，正在推动实施。

（三）多种方式进行有效传承，红色基因赓续深入人心

在保护的基础上，宕昌县加大研究发掘和传承力度。着力加强内容建设，丰富展示传承手段，发挥革命旧址和纪念馆功能，生动展现哈达铺蕴含的红色基因和思想内涵，助力弘扬长征精神、传承红色基因。2021 年 5 月，宕昌县组织召开了"哈达铺在红军长征中的历史地位及作用"学术研讨会，邀请知名专家学者一百余人开展学术交流，形成了一系列学术成果，进一步彰显了哈达铺在红军长征中的特殊历史地位。积极挖掘红军长征在哈达铺党史资料，开展党史和红色文化研究，组织实施了《红军长征中的哈达铺》等课题，编著了《红潮弥漫陇之南》《哈达铺诗选》等书籍。

充分利用旧址和纪念馆资源，服务党史学习教育活动，开辟了多类型、多形式的党史宣讲课堂，让革命旧址成为教育党员的"教室"，让文物史料成为干群学习的"教材"，增强党史学习教育的沉浸感、代入感、体验感。此外，还开展了长征精神进校园、进社区、进机关、进军营等活动，让红色基因融于血脉，根植人心。

（四）加快文化旅游融合发展，协调发展局面初步形成

宕昌县推动长征国家文化公园建设与红色旅游、乡村振兴相结合，强化文旅融合区和传统利用区建设，以文促旅、以旅彰文，提质特色产业，赋能发展，推动振兴。宕昌县将哈达铺作为发展红色旅游的重要抓手，优化服务设施，打造精品线路，提升接待能力，以红色为底色，营造参观旅游的良好氛围。放大全国重点文物保护单位和全国爱国主义教育基地的品牌效应，将红色旅游与党性教育、廉政教育、研学旅行等相结合，效果突出。同时，宕昌县着眼统筹谋划，全域发展，将临近的4A级景区官鹅沟国家森林公园纳入哈达铺红色旅游线路，精心设计，串珠成线、连线成片，满足不同人群的参观游览需要。在大力促进文旅融合的同时，推动公园建设助力产业发展，在红军街内，遴选了一批位置好的商铺，销售红军点心、药材等地方特产。除现场售卖外，还采取了网络直播带货等线上销售形式，收益明显。

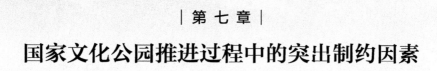

| 第 七 章 |

国家文化公园推进过程中的突出制约因素

近几年国家文化公园的建设已经取得了明显成效，但也存在着一些不足，有些制约因素和发展瓶颈还需要直面，以利于下一阶段实现更好的发展。

第一节　管理机制问题

国家文化公园跨越多个省区市，涉及国家、省、市、县四级政府，公园内文化遗产类型丰富、数量庞大、分布分散、权属复杂、保存状况和利用条件不一，而且各地地理环境和社会经济发展条件各不相同，还涉及多个部门、多个行业、众多社区居民和相关利益群体。

事实上，在近几年国家文化公园的建设中，管理体制机制问题一直是个突出问题。

第一，跨区域、跨系统联动不足。建设国家文化公园需要更加突出国家工程、国家文化、国家体制，着力发挥其在社会主义文化强国建设中的作用。但五大国家文化公园建设在加强区域、系统联动方面仍有待加强。一方面，跨区域统筹不够。以长城国家文化公园为例，有些长城点段分布在省市行政区划分界线上，如北京长城约20%与天津、河北交界，内蒙古长城与山西、宁夏、甘肃均有交界。如何统筹协调交界地区长城主题展示区、文旅融合区的布局，亟待进一步研究并出台有效措施。另一方面，跨系统联动不够。从国家项目申报落实情况来看，发改、财政、文旅等部门在国家投资项目审批的公开性、透明度和联动性方面亟待加强，有的地方"申报什么、怎么申报、申报结果"还不明确，有的环节梗阻严重，地方"等米下锅"现象依然存在。

第二，相关机构队伍薄弱、专业人才短期。国家文化公园虽然在国家层面和省级层面都有相关管理部门，但目前的管理机构特别是市县一级多为临时抽调人员组成的办公室、"专班"机构，没有编制，兼职性、流动性和临时性强，明显存在人手不足、机构队伍薄弱等问题，难以适应当前繁重的工作任务。

第二节 资金投入问题

在国家文化公园建设中，资金投入不足、缺乏持续保障是另一个突出问题。

关于当前国家文化公园的资金投入状况，有研究梳理过，针对目前全力推进的 5 个国家文化公园，国家财政计划的投入总额是 28 亿元，平均每个约 7 亿—8 亿元。国家文化公园主要由中宣部组织协调。"文化自信"不是靠建设几个地标性建筑，国家财政只能是辅助性的、补贴性的。[①]

由于市县级财政困难，文物保护资金更多倾向于省级以上文物保护单位，在县级以下尤其是未定级保护方面投入较少。如，在贵州铜仁 58 处未定级不可移动长征文物中，还有几处保护较差，尤其多数属于私人住宅，还存在保护和居住的条件及环境与群众对美好生活的需求不匹配、不

---

① 参见吴殿廷、刘宏红、王彬：《国家文化公园建设中的现实误区及改进途径》，《开发研究》2021 年第 3 期。

平衡的问题。

由于缺乏资金支持和制度保障，很多市县目前仅对国家文化公园沿线的重要文物采取了基本的保护措施。相关文物基本无专门的保护预算经费，省级以下保护经费大多依靠地方政府投入，但地方政府经费困难，投入严重不足，一定程度影响沿线文物的保护。而且由于文化工程注重社会性与公益性，投资回报时间长，短期内难以形成新的文化经济增长点，还未形成真正的"造血"功能。

第三节　项目建设瓶颈

第一，文化特征有待进一步突出。当前，很多地方在项目建设上，对国家文化公园所涉建筑基础结构、周边文化文物情况等问题研究不足，文化精神研究有待加强；对地上有形遗址遗迹保护利用投入多，地下文化遗产考古发掘和研究利用关注少。在项目建设中，如何把国家文化公园与沿线区域丰富多彩的文化紧密结合还没有实现更深入的破题。对文物价值、科技价值和当代社会价值，及沿线重大历史事件、重要历史人物的研究发掘不够，如何以更加有力有效的手段总结提炼阐释五大国家文化公园的文化精神还缺乏切实有效的措施。

以长城国家文化公园为例，比较重视实体实物的保护与开发，这是较容易看得到的成绩，而对其中蕴含的文化内涵转换不够，这种转化见效周期过长、直接效果不明显，还需要进一步加大挖掘力度。长城沿线是农耕文化和游牧文化的重要分界线，沿线文化类型多样，有燕赵、黄河、太行、草原、戈壁、西域、齐鲁、楚、抗战等多种文化。长城沿线 404 个县有世界文化遗产 7 项、国家非物质文化遗产 366 项、国家历史文化名城

14座、国家历史文化名镇27座、全国重点文物保护单位910个，还有大量长城村落及名人轶事、民俗节庆等。这些文化资源都没有得到有效整合和深入挖掘。

第二，旅游元素不够活化。在国家文化公园建设中，旅游元素的导入势在必行，对于具体项目而言更是意义不小，但目前整体情况不容乐观。事实上，多年来很多地方的有关长城、长征、大运河、黄河、长江的旅游产品仅仅停留在简单的观光层面，使长城、长征、大运河、黄河、长江文化遗产的保护传承利用与旅游开发联系性偏低，进而导致其社会经济文化价值未能得到高质量的活化传承。

以长征国家文化公园为例，其相关的大多数红色旅游资源的开发，还停留在介绍性文字与图片的静态展示阶段，大部分没有使用多种手段进行展示，对革命历史人物、红色故事演绎解读缺乏深度，红色旅游的生动性、吸引力和感染力不强。长征沿线文物和文化资源存在面广、点多、分散等特点，受地理、交通、周边资源禀赋等情况制约，在打造红色旅游景点方面基础还较为薄弱，在红色旅游开发链条上缺乏延展性，与红色文化主题相对应的特色文化旅游项目和文化旅游产品的开发较少。目前，长征所涉及的红色旅游景区基本仍以党政机关干部、部队和青少年传统教育接待为主，产品开发模式和内容相对单一，与其他旅游资源开发结合不够，缺乏统一性和整体性的包装和开发，由接待型向市场型、产业化运作的转变还需加强。

第三，一些地方出现大拆大建现象。某些地方对于五大国家文化公园所涉遗存遗迹遗址并没有尽可能保持原貌和自然状况，不顾当地财力状况而盲目举债，政绩观错位，在某些具有极大传承价值的传统村落盲目搞大拆大建、搬迁重建，产生了恶劣影响。

对此，全国政协委员连玉明先生认为，在交通不便、人员稀少的偏僻地带和一般保护区内，要控制建筑物改建、翻建、添建和复建，让长城遗存遗迹遗址尽可能保持原貌和自然状况；不要对长城脚下的传统村落搞大拆大建，更不搞搬迁重建。在保护原生态、留下原住民、保留原住房、尊重原产权、使用原材料中见人见物见精神。①

　　近几年，五大国家文化公园建设在推进过程中已经出现了一些开发乱象，对于大拆大建、过度设计、冒进求洋等乱象尤其需要保持足够的警惕，也不能将相关建设项目变成形象工程、政绩工程。在国家文化公园相关建设项目决策、审批、实施等环节中还没有真正建立一套全程监管制度。

---

① 参见连玉明：《重新审视长城国家文化公园的时代价值》，《中国政协》2020年第17期。

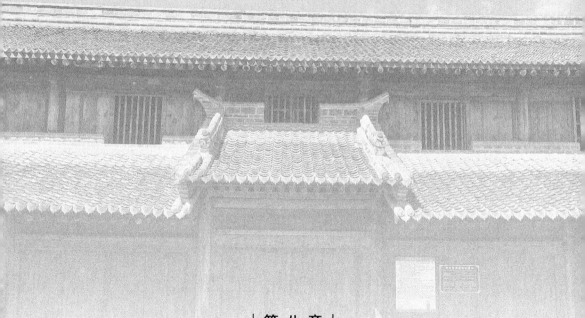

| 第 八 章 |

国家文化公园建设的对策和建议

根据国家发展改革委、中央宣传部、文化和旅游部等七部门印发的《文化保护传承利用工程实施方案》，到 2025 年，长城、大运河、长征、黄河、长江等国家文化公园建设基本完成，打造形成一批中华文化重要标志，相关重要文化遗产得到有效保护利用，一批重大标志性项目综合效益有效发挥，承载的中华优秀传统文化传承发展水平显著提高。

在 2025 年前，国家文化公园的建设应该如何发力才能确保得到高质量推进，这是一个重要的命题。对此，笔者认为下一阶段应该加强顶层设计，创新管理体制机制，大力提高项目建设水平，积极发挥好市场的作用，进一步处理好国家战略性和日常生活性之间的关系。

第一节 加强顶层设计

正如前文所言，国家文化公园建设涉及多省、多部门、多行业，具体业态更是涵盖文物保护利用、非遗保护传承、产品线路设计、艺术创作生产、文化产业和旅游产业发展、国际交流合作等各方面，这就需要加强顶层设计。

一、完善相关法律法规

国家文化公园还是一个新鲜事物，需要通过出台或者修订相关的法律法规和政策体系，推动保护、传承、利用理念入法入规，进一步推动严格管理、大力保护、合理开发。

针对长城、大运河、长征、黄河、长江等所涉文物遗迹，需要强化相关文物保护法及相关法规的实施，修订完善《长城保护条例》，适时研究制定《大运河保护条例》《长征文物保护条例》等。相关省份结合实际修订制定配套法规规章，积极推动制定地域性文化遗产保护法规，共同提升文化遗产保护红线意识，并将其作为文化遗产保护和利用工作的基础，这也是国家文化公园科学建设、健康发展的重要保障。

值得关注的是，2021 年 10 月 8 日，国务院常务会议通过《中华人民共和国黄河保护法（草案）》。《草案》突出加强生态保护与修复、水资源节约集约利用、污染防治等制度规定，严格设定违法行为的法律责任。会议决定将《草案》提请全国人大常委会审议。

这也给未来推动国家层面对各个国家文化公园建设的单项立法或者出台整体性的"国家文化公园法"看到了"希望"，"国家文化公园法"完全可以与正在研究起草中的"国家公园法""自然保护地法"等形成完备的相关法律体系，并形成与之配套的政策体系。

二、加强规划引领

国家文化公园建设，需要将其放到"十四五"规划大局中，进一步突出"国家"属性，发挥好国家统筹规划、统筹资源的作用，避免项目撞车、资源浪费，尤其注重规划引领作用，确保步调统一、上下一致、统筹推进，从建设社会主义文化强国的高度来谋划推进。

《长城国家文化公园建设保护规划》《大运河国家文化公园建设保护规划》《长征国家文化公园建设保护规划》已经出台，但随着国家文化公园建设的深入推进，面向未来，需要形成三级保护规划的立体格局，即建立国家级国家文化公园建设保护规划、省级国家文化公园建设保护规划、代表性点段国家文化公园建设保护规划。这就需要在建设方案和保护规划中进一步强化制度设计，创新体制机制，打通部门利益藩篱、突破条块分割限制，加强各地各部门的协作联动，实现资源共享、成果共用、信息互通、权责互联，打通贯彻落实党中央决策部署的"最后一公里"。

同时，在长城、大运河、长征、黄河等国家文化公园出台了建设保护规划之后，如《长城文化和旅游融合发展专项规划》《长城沿线交通与文旅融合发展专项规划》《长征文化和旅游融合发展专项规划》《大运河文化和旅游融合发展专项规划》《黄河文化和旅游融合发展专项规划》等相关专项规划也会逐步制定，这就要注意保护规划和专项规划的衔接。

在各地的建设实践中，需要通过规划引领，树立整体意识，形成全国一盘棋；明确各地不同的功能定位和建设重点，发挥各自比较优势，形成发展合力，促进科学保护与合理利用。中央有关部门应该结合国家层面业已出台的规划成果，按照多规合一要求，对相关省份规划建议进行严格审核和进一步工作实践中的有机整合。

值得一提的是，从操作路径上看，需要坚持"开门搞规划、开门搞建设"，鼓励广大人民群众和社会各界以各种方式建言献策，不能仅仅搞成专家学者小圈子的虚空的纸上文章，把制定完善规划的过程转化为宣传政策、凝聚共识、解疑释惑的过程。

三、加大文化整合力度

从顶层设计视野审视，加强国家文化公园的文化整合力度亦势在必行。国家文化公园肌理构成有"实"与"虚"两部分，是一个由众多有实体的历史遗迹和无实体的事件要素（如历史故事、文学作品、节庆习俗、民间技艺等）共同构成的有机整体，对于个体遗存、线路区段的认识和理解，应当立足于国家文化公园的整体文化环境、文化价值和历史脉络。这一点，正如有学者所言："一个文化系统内，各层次的文化特质在功能上形成协调，这就是该文化系统实现了文化整合。"①构建一个形式上的独立文化区域并不难，难得的是在区域内实现文化特质的协调融合，从而在外在形态"和而不同"现实情况下实现精神气质上的"不谋而合"，实现文化价值的整体性。

事实上，大运河、黄河、长江等沿线有不少因河兴起、人口集中的城镇以及各种古迹遗存，既串联着中国历史上丰富而重要的文化区域，也在独特的地理空间中塑造了以运河文化、黄河文化等为显著特征的地方性文化区，然而这种文化区的地理空间、文化精神的能指和所指很可能是模糊的、不断迭变的，缺乏系统性总结和提炼，也容易造成区域内文化结构的无序和文化特质之间的冲突，而任何孤立的时空片段都无法完整展现国家文化公园的全部文化价值。

因此，未来国家文化公园建设，只有实现这种文化整合，融合汇通一系列文化遗产后所反映的整体性文化意义，才能促进文化系统产生群聚效应而实现自我认同，极大地提高其内部的凝聚力，有利于增强该文化系统的辐射度和影响力。

---

① 赵荣、王恩涌等：《人文地理学》，高等教育出版社 2006 年版，第 32 页。

四、建立负面清单

长城、大运河、黄河、长江等沿线生态环境比较脆弱，不少地方处于濒危状态，应注重进一步处理好保护和利用的关系，加快制定"负面清单"。在"负面清单"中进一步明确国家文化公园建设中的禁止性规定和限制性规定，并建立健全问责追责制度，以责任追究倒逼责任落实，做到有效保护、合理利用，避免无序开发、过度商业化，真正把"保护第一"的要求落实到位。

第二节　创新管理体制机制

为避免多头管理、各自为政，需要建立多方协同的国家文化公园管理体制机制，组织宣传、文旅、文物、发改委、自然资源等各相关部门配合形成合力，真正形成中央统筹、省负总责、分级管理、分段负责的工作格局。因此就需要因地制宜、因物制宜、因时制宜、因事制宜，充分发挥部门职能优势，不断加强管理体质机制创新。

一、大力提升既有组织结构的效能

当前，国家层面已经建立了国家文化公园建设工作领导小组及其办公室。中央宣传部部长任国家文化公园建设工作领导小组组长，中央宣传部、国家发展改革委、文化和旅游部负责同志任副组长，中央宣传部、中央网信办、中央党史和文献研究院、国家发展改革委、教育部、财政部、自然资源部、生态环境部、住房城乡建设部、交通运输部、水利部、农业农村部、文化和旅游部、退役军人事务部、市场监管总局、广电总局、中央广电总台、国家林草局、国家文物局、中央军委政治工作部有关负责同志任成员，领导小组办公室就设在文化和旅游部。

同时，国家层面还设立了国家文化公园专家咨询委员会。专家咨询委员会内设长城、大运河、长征、黄河、长江专家组，分别对接服务长城、大运河、长征、黄河、长江国家文化公园建设，完成国家文化公园建设工作领导小组交办任务、委托事项，为领导小组及相关方面提供决策咨询、政策建议，研究建立国家文化公园学科体系、学术体系、话语体系，评议各地报审的国家文化公园建设保护规划及相关材料，积极推动国家文化公园及其建设工作的宣传介绍、说明展示，开拓性建设、引领性发展。

与国家层面的组织架构相对应，相关省份也在建立本地区领导体制，根据工作需要成立专家咨询组。

未来国家文化公园建设，需要大力提升既有组织结构的效能，并细化工作流程。可以建立重点事项专题协商制度，定期召开办公会议，切实加强对国家文化公园建设的顶层设计和组织协调，强化其在政策制定、机制建立、规划统筹、跨省跨部门协调、重点任务和重大工程谋划及实施督导等方面职能。

长城、大运河、长征、黄河、长江的文化保护传承弘扬是一项系统性工程，需要部省合作、区域协同、精准对接。要处理好整体和局部、统一性和差异性的关系，既要全域统筹、系统安排，又要尊重规律、符合实际，用好各地资源禀赋、充分发挥比较优势，更好调动各方面积极性。在未来的工作中，需要沿线各地各负其责、加强沟通，相互借鉴、相互协作，集众智、聚共识，汇聚形成保护传承弘扬长城、大运河、长征、黄河、长江文化的工作合力。

二、因地制宜解决编制受限、人手不足问题

当前，在推进国家文化公园建设过程中，市县普遍存在人手比较紧张的情况。这就需要因地制宜解决编制受限、人手不足问题，可以积极有效地进行呼吁，加大地方性国家文化公园建设工作专班、国家文化公园协调指导处等机构设置力度；通过进一步梳理当地管理体制机制特点，充分调动相关人员的工作积极性和能动性增加建设活力；充分参考借鉴吸纳当地全国重点文物保护单位、国家级烈士纪念设施保护单位、国家历史文化名城和中国历史文化名镇名村、国家级风景名胜区、全国红色旅游精品线路经典景区等建管经验和管理队伍。

中央层面，在人员编制缺少的情况下，成立了国家文化公园专班。专班工作人员大多是从文化和旅游部直属单位、各省文旅部门抽调而来。各单位严格审查，确保推荐人选政治合格、素质过硬；文化和旅游部相关司室领导严格把关，确保推荐人选符合专班工作要求。同时，对新到岗干部开展岗前谈话、警示教育、专业培训等。这有利于充分调动专班工作人员的积极性，确保专班借调人员的思想稳定，没有"临时"观念。

具备条件并纳入国家文化公园建设管理的县（区、市），相应成立管理机构，有条件的乡镇成立专门的管理单位。不具备增加人员编制和相关岗位的条件，可以加大内部机构职能整合归并力度，探索实行职能有机统一的国家文化公园体制。比如，贵州遵义就可以撤销遵义市红色资源开发管理中心，整合编制和人员，成立遵义市长征国家文化公园管理委员会，统筹协调全市长征国家文化公园的规划、建设、管理、使用等工作，还成立了包括综合组、文旅组、项目组、研培组等在内的长征国家文化公园建设领导小组工作专班，研究解决工作中的困难和问题；河北省迁安市成立了全国首个县级长城国家文化公园建设保护机构——长城国家文化公园管

理中心，探索形成"中心＋公司"新管理机制，负责迁安市内长城国家文化公园的整体规划、资源利用等工作，促进文旅深度融合，力图形成统筹推进、市县联动、高效运转的建设保护工作体系。

三、确立权责明确的全流程责任机制

在工作推进中，可以建立统筹协调、分级管理、分段负责、条块结合的责任机制。在国家文化公园管理委员会的统一管理和统筹协调下，各级人民政府是辖区内资源的规划、建设、管理和保护主体，立足现有资源制定开发建设规划，采取财政投入和社会融资等各种手段加大建设力度，认真执行相关管理保护法规。

有学者建议，参考河流管理"河长制"，可以设立国家文化公园建设的"段长制"。即在国家层面设立领导协调机构的基础上，各文化公园涉及的省、市、县中，各省（自治区、直辖市）设立"总段长"，由相应的党委或政府主要负责同志担任；各省（自治区、直辖市）行政区域内重要区段设立"段长"，由省级负责同志担任；各区段所在市、县、乡均分级分段设立"段长"，由同级负责同志担任。县级及以上设置相应的"段长制"办公室，具体组成由各地根据当地实际情况确定。① 这其实是在国家文化公园建设中试图健全工作机制、强化绩效考核、加强社会监督，"河长制"只是一个统领的称谓。事实上，《长城、大运河、长征国家文化公园建设方案》已经明确要求，"分省设立管理区，省级党委和政府承担主体责任，加强资源整合和统筹协调，承上启下开展建设"。从前文相关地方的实践案例中可以发现，当地已建立了党委或政府主要负责同志，担任当地国家

---

① 参见吴殿廷、刘宏红、王彬：《国家文化公园建设中的现实误区及改进途径》，《开发研究》2021 年第 3 期。

文化公园建设工作领导小组"组长"的机制。这种"组长制"更契合当前的建设状态和操作现实。

不管何种称谓,真正需要建立的是权责明确的"全流程责任机制"。对重点工作进行细化分解,明确时间表和路线图。各级政府直属的建设、财政部、发改委、自然资源、公安、技术监督等部门履行具体对应的职责。各成员单位应明确分工、积极履行自身职责,同时加强沟通配合,建立健全工作协同与信息共享机制,强化政策协同性和连续性,形成整体推进的工作合力。比如,各级宣传、文化旅游部门是利用辖区内国家文化公园相关资源发展文旅产业的主体,应该大力开展文旅演出、文创产品等研发和推介,宣传地方经济社会发展特色产品。

针对"全流程责任机制"的落实效果,未来可以建立相关考评机制,通过探索中央和省级层面督导检查制度、完善专家委员会制度、推进各地交叉调研、丰富第三方评估制度等方式,建立综合性的评价指标、采用多种评价策略、注重评价主体的多元性和评价内容的全面性,特别是对重大事项和重点工程进行跟踪评估,进一步增强对国家文化公园沿线文物和文化资源保护利用、管理绩效等方面的科学评估。

至于未来是否需要参考国内外关于国家公园的垂直管理机制,在国家层面建立"国家文化公园管理局"是值得在实践中进一步分析取舍的。

第三节　大力提高建设水平

国家文化公园建设需要根据区域资源的禀赋差异、周边人居环境、自然条件、配套设施等情况,结合国土空间规划,坚持走高质量发展之路。

153

一、全面摸清家底，加大对资源挖掘和普查力度

国家层面需要统筹五大国家文化公园沿线的文物、非物质文化遗产、古籍文献等资源的调查认定，系统梳理遗产资源的种类、数量、分布状况等，摸清底数，健全台账，形成谱系。相关省份对辖区内文物和文化资源进行系统摸底。从国家到地方，都需要加强史料研究和资源开发利用，加强对破坏严重的遗址遗迹进行抢救性保护，增强文物和文化资源保护与开发后劲。只有真正摸清了家底，通过普查、梳理和总结，得到客观、真实的信息，才能为后续建设提供支撑。

二、聚焦重点项目，打造示范引领的建设样板

聚焦关键领域，以四类主体功能区建设为重点，立足保护传承、研究发掘、环境配套、文旅融合、数字再现五个关键领域，系统谋划推出一系列辐射全流域、涵盖相关建设领域的重大项目，这些项目的选择标准应该是具有较强的代表性、示范性。比如针对长城国家文化公园，围绕"址、馆、园（区）、遗、道、品"等，积极遴选国家层面的重点项目，并进一步推动省市层面的重点项目建设。

聚焦薄弱环节，进一步加强资源要素保障，策划实施一批指向性强、带动性强的重点项目，在补短板、强弱项、增后劲上下功夫，在全国范围内打造一批示范引领的建设样板。比如，可以谋划设立相关国家文化公园建设的试验区、示范区、示范基地等，不断通过先行先试和经验模式总结，推动国家文化公园的高质量发展。例如国家文化公园文化旅游深度融合发展示范区等已经具备设立的外部和内部条件。

三、因地制宜，鼓励地方开展深入实践

国家文化公园需要注重核心价值的整体性和完整性，这一点毋庸置疑。但由于不同地区的文化遗产组成存在各自特点，同时也需要充分考虑国家文化公园的地域广泛性和公园内各区域文化多样性、资源差异性。

在尊重文化整体性、形成全国一盘棋的前提下，结合当地实际情况，如基础设施、文化资源、经济条件、区位特点等多方面因素，因地制宜地寻找合适路径、确定开发重点、构建打造模式，讲好地方文化故事、展现地方特色文化，避免国家文化公园建设的同质化、雷同化。

这方面，山西运城的一些做法和运作思路值得其他地方借鉴。山西运城的黄河遗址遗迹的保护与传承颇具特色，突出了山西黄河文化在华夏文明中根和魂的地位，依托历史文化形成的遗址遗迹突破地域限制，集成了运城的自然地理单元；在许多标志性遗址遗迹中，保护措施相对成熟完善，周边环境都未发生较大改变，古墓群、禁墙、纺纱厂等遗存完整性较好，真实性高。因此，运城就通过现有黄河沿线考古及标志性遗址遗迹展示，正在努力申报夏县国家考古遗址公园，推进中国考古纪念馆、西阴村遗址博物馆、禹王城遗址公园的建设，深入挖掘科研、教育、游憩等功能，真正推进具有山西特色、山西风格、山西流派的黄河遗产保护与传承，以充分体现山西黄河文化的价值。

四、实施人才战略，确保队伍薪火相传

加强人才培养，凝聚一批专门从事长城、大运河、长征、黄河、长江的文物和文化资源保护与开发的人才队伍，加大中青年人才储备和推送力

度，在加强归口管理中让相关文物文化资源和精神研究薪火相传。同时，相关人才战略布局也需要国际化视野，培养具有中国情怀、全球视野的复合型人才，打造一支精通国际规则、国际表达、国际传播、国际保护的专业人才队伍。只有这样，才能在国家文化公园的建设中拓宽人文交流深度和广度，使文化基因与中国乃至世界的当代文化发展趋势相适应，与现代社会发展需求相协调，进一步与构建人类命运共同体的目标相衔接，在"一带一路"框架下更好地发挥民心相通的优势作用。

国家文化公园建设只有坚持走高质量发展之路，才能有更美好的前途，不能走老路，也不能走邪路。

第四节　国家战略性与日常生活性的均衡：以文旅融合为横截面

国家文化公园既是国家战略性的宏大叙事，也是日常生活性的微观描写。而文旅融合作为横截面，正生动展现了两者的巧妙结合。事实上，长城、大运河、长征、黄河、长江国家文化公园建设的方案就把"文旅融合"作为重点建设的四类主体功能区之一。

未来，国家文化公园建设应该成为文旅深度融合的示范区，做好保护好、传承好和利用好的大文章。在文化资源保护的基础上的利用和开发，可以强化旅游产业功能，通过旅游业传播与传承中华传统文化。国家文化公园的文化场所和文化载体可以包括博物馆、资料文献和数据中心、研究和研学中心、文化体验中心体验馆、文创产业园区，等等。

一、紧贴国家战略，实现国家文化公园文旅融合的"高站位"

国家文化公园的文旅融合，站位要高，把握时代跃动脉搏，抓住国家战略机遇，可以与巩固提升脱贫攻坚成果、实施乡村振兴战略、推进新型城镇化建设、实现共同富裕等紧密结合，不仅仅局限在一地一景，更要讲好国家发展的好故事。

以长城国家文化公园的文旅融合为例，可以进一步与乡村振兴、奥运经济进行融合。长城沿线地区经济发展相对滞后。据统计，2019 年长城沿线 15 个省（自治区、直辖市）国土面积约占全国国土面积的 60%，GDP 总量仅占全国总量约 30%。应以文化、旅游融合发展为主线，推动长城国家文化公园建设与乡村振兴、美丽乡村建设相融合，促进传统村落、长城文化、公园建设、脱贫攻坚、乡村振兴、旅游发展、城乡融合相结合，让长城文化传承有载体，让长城公园建设有功能，发挥长城国家文化公园在高质量发展中的作用。同时，把长城文化与奥运文化有机融合，以举办北京 2022 年冬奥会、冬残奥会为契机，在北京、张家口长城国家文化公园建设中突出冬奥元素，推动文化和旅游产业与教育、农业、科技、交通、体育等领域跨界融合，提升沿线区域综合发展能力和发展水平，不断提高长城沿线群众的获得感和幸福感；加快集中实施一批文旅融合标志性工程，依托长城沿线丰富的人文和自然资源建设国家北方步道，开展以长城周边塞外风光为特色的生态文化游，让冬奥期间的国际游客走进来、住下来、讲出来，在长城文化旅游的融合中倾听长城故事，感知中国文化，打开世界认识中国的新窗口。

二、聚焦创新，实现国家文化公园文旅融合的"高水平"

国家文化公园的文旅融合，应该开拓思路积极创新，实现高水平的深度融合，而不仅是文化元素和旅游元素的简单叠加。

以展陈为例。当前国家文化公园建设中采用的展陈手段和内容大多较为枯燥乏味，需要从产品思维转向用户思维，可以多采用新颖活泼、灵活多样的展陈手段和艺术形式，通过壁饰景观、场景复原、数字化演示、沉浸体验等，让展陈自然述说历史故事，展现历史精神。对于传统文化遗产的展陈方式而言，积极引入旅游运营规律，从浏览到体验的转变，改变传统的以阅读观看为主的浏览，充分运用 5G、VR/AR、大数据等现代信息技术手段模拟或再现文化场景，合理植入时尚元素，使旅游者有亲临其境和沉浸式体验感，丰富旅游者对文化的深度体验，也会赋予传统文化以新生。同时，在对外传播方面，需要积极引入数字化技术手段和新媒体、自媒体、短视频等多种方式。

三、深度挖掘，实现国家文化公园的文旅融合的"高品位"

从产品角度来看，可以深度挖掘文化资源特色，针对性开发旅游产品。比如，有论者就认为，可以一体化开发长城沿线塞上风光生态文化游、大运河沿线水上观光和滨水休闲游、长征沿线深度体验游和红色研学旅行、黄河沿线寻根溯源之旅和农耕文明体验之旅。[①]

以长征国家文化公园为例，相关文旅产品设计不仅仅就是简单元素的叠加，应该用更高的品位进位要求以实现深度融合，其开发重点关注

[①] 参见冷志明:《国家文化公园:线性文化遗产保护传承利用的创新性探索》,《中国旅游报》2021 年 8 月 9 日。

"红＋绿""红＋体""红＋演""红＋教"相结合，打造红色生态产品、红色演艺产品、红色健身产品（徒步、拓展）、红色教育产品，提升服务质量，使红色旅游产品养性、养心、养生、养眼。

从消费角度来看，在发挥国家文化公园的游憩休闲功能中，就需要充分掌握本地居民和外地游客的消费动机、消费心理、消费行为和主要消费结构，要重视游客对国家文化公园的满意度和美誉度，真正抓住消费群体的主导性需求，打通生产和消费的价值链。

需要指出的是，在国家文化公园的建设推进中，有些地方过于强调相关文物的旅游开发，出现了过度商业化、过度娱乐化等不良现象，特别是产生了不伦不类、怪相百出的低质旅游产品，甚至出现破坏文化遗产的现象。这些都需要在未来推进国家文化公园的文旅融合实践中大力规避的。

第五节　积极发挥市场和群众的作用

国家文化公园建设是一项功在当代、利在千秋的系统工程，既要以国家力量统筹创建各类国家文化公园，也要积极鼓励引导社会力量参与，进一步凝聚社会合力。

一、形成财政资金和社会资本双轮驱动

目前，绝大多数相关项目建设的运作逻辑是，国家层面统筹国家文化公园建设，并通过中央财政给予建设资金的补贴，各相关省市整合和统筹协调区域内的资源，通过地方财政进一步补充完善本区域建设资金。如内蒙古自治区政府与各盟市签订责任状，将经费列入自治区财政预算。不

过，有些地方已经在尝试引入一定的社会资本。

面向未来，要解决国家文化公园建设的资金"缺口"，在需要引导社会力量参与的过程中，需要坚持专业保护、行业保护、社会保护等相结合，逐步形成政府主导、群众支持、社会参与的良性发展格局。积极加大与国家开发银行、中国农业银行等金融机构合作力度；鼓励支持引导各类企业、社会组织、个人参与保护，鼓励公民、法人和其他组织依法通过捐资、捐赠、设立基金参与保护资金筹措，甚至可以通过特许经营的方式将相关区段的国家文化公园的经营权出让给相关企业和其他经营者，充分调动社会各界参与长城国家文化公园保护、管理、开发和运营的积极性，推动资金、技术、人才向长城、大运河、长征、黄河、长江沿线流动，为国家文化公园建设提供保障。

事实上，有些企业以及机构已经行动起来。比如，腾讯公益基金会、中国文化遗产研究院、中国文物保护基金会等 10 家单位共同发起成立"长城保护联盟"，力图积极动员社会参与，使之成为长城保护领域最为活跃、最具影响的开放性论坛和公众参与平台。该联盟首批联盟成员单位共 41 家，包括以长城为主要资源的全部 5A、4A 级旅游景区、部分重要点段的保护管理机构、专业研究机构、企事业单位和社会团体。此前，2016 年 9 月，腾讯公益慈善基金会就宣布捐赠 2000 万元用于长城保护与长城文化的传播，并且与中国文物保护基金会成立了长城专项公益基金。未来，这种连接各种社会力量的国家文化公园的保护利用的联盟合作模式，值得进行深入探索。

这方面，国外有很多成功的例子。比如，市场化开发度较高的荷兰阿姆斯特丹运河区，打造出最具地域特色的文化品牌——船屋，拥有大约 2000 艘船屋，有的历史已逾百年，通过改建为小型博物馆、画室、酒吧以及民宿等，不仅游人收获丰富体验感，运河区也实现了大幅创收。

有观点还认为，国家文化公园建设可以积极拓展融资渠道，构建"债券＋基金"的社会资本投入机制。相关部门在地方专项债券中增设国家文化公园细类，以专项债券支持长城国家文化公园建设。各地可以增设长城国家文化公园发展基金，以政府资金撬动社会资本参与长城国家文化公园建设。[1] 这是利用金融手段的一个积极尝试，在有条件的省份可以试点推出。

事实上，《长城、大运河、长征国家文化公园建设方案》也明确指出："中央财政通过现有渠道予以必要补助并向西部地区适度倾斜……地方各级财政综合运用相关渠道，积极完善支持政策。引导社会资金发挥作用，激发市场主体活力，完善多元投入机制。"

未来还需要加强社会资金投入的政策指导和长效机制，加大对文化和旅游市场主体支持力度，提高参与企业竞争力，增强国家文化公园建设的牵引力、推动力，进一步细化解决企业投资以何种方式参与公园经营等问题。

二、形成国家统筹主导和多主体积极参与的共同发力

国家文化公园建设，除了国家统筹主导推进，需要充分调动沿线居民的积极性，引导当地群众通过多种方式参与国家文化公园建设和保护工作，真正做到保护原生态、留下原住民、尊重原产权、使用原材料，让人民群众共享国家文化公园建设成果。

在统筹各部门、各地政府资源和力量的同时，需要鼓励、引导社区、企业、社会团体、志愿者队伍等参与国家文化公园建设运营，建立常态

---

[1]　参见邹统钎：《高质量建设国家文化公园——促进文化和旅游产业深度融合》，《经济日报》2021年9月2日。

化、多主体广泛参与的交流合作机制，努力将国家文化公园沿线的文化传播、支持基层保护力量、沿线扶贫工作相结合，最大限度调动各方积极性，实现共建共治共享。

特别是调动当地居民和志愿者的积极性和参与性，是一个值得探讨的话题。

针对当地居民，推动在国家文化公园沿线周边村庄、游览区等地点设立保护工作站，宣传文物保护知识，建立健全公益性岗位、扶贫公益性岗位管理制度，可以聘请当地居民负责相关国家文化公园的普通设施维护、日常清洁、咨询游览等工作，共同营造社区主动保护、社会广泛参与、各方积极支持的良好氛围。

针对志愿者队伍建设，可以与相关公益组织、高校等建立合作关系，实施志愿者服务计划，构建志愿服务体系，完善志愿者服务制度，鼓励个人自愿、无偿向社会或者他人提供相关公益服务，广泛开展国家文化公园沿线的文物保护、文化传承、宣传推广等专题志愿服务活动，组织好常态化志愿服务。

| 第 九 章 |

伟大的中国实践样本

——基于线性文化遗产保护利用视角

线性文化遗产主要是指在拥有特殊文化资源集合的线形或带状区域内的物质和非物质的文化遗产族群。线性文化遗产是世界遗产的一种形式，着眼于线性区域，所涉遗产元素多样，兼具物质文化和非物质文化，旅游价值较高。但正由于线性文化遗产是一种新兴的遗产保护理念，在国际上并没有形成真正成熟的保护传承利用案例，还存在诸多制约因素。因此，中国的国家文化公园建设由于其顶层设计、管理体制、建设模式等鲜明特点，为世界线性文化遗产保护传承利用提供了中国模式以及中国解决方案。

第一节　线性文化遗产的概念及典型代表

一、线性文化遗产的概念

线性文化遗产（Lineal or Serial Cultural Heritages）是国际文化遗产保护的一种重要类型。这一概念的前身是"文化线路"（Cultural Routes）。最早源自 1987 年欧洲委员会正式宣布实施"欧洲文化线路计划"（Cultural Routes of the Council of Europe Programme）。1993 年，圣地亚哥·德·卡姆波斯拉朝圣之路（西班牙部分）被列入《世界遗产名录》。随后，1994 年在西班牙马德里召开的"文化线路遗产"专家会议上，认为应将线路作为文化遗产的一部分，从而首次独立提出了"文化线路"这一概念。"文化线路"的概念一经提出，便成为国际文化遗产保护领域关注的热点。

梳理"文化线路"的建设历程可以发现，世界呈现三支重要推动力量，发挥了突出的作用。

第一支重要推动力量来自国际古迹遗址理事会（ICOMOS），其 1998 年在理事会框架下成立文化线路国际科学委员会（CIIC），致力于文化线路相关问题的长期研究和实践推动。2005 年 10 月，在中国西安召开的国际古迹遗址理事会第 15 届大会暨科学研讨会，将"文化线路"列为四大专题之一，并形成了《文化线路宪章（草案）》。2008 年，国际古迹遗址理事会第 16 届大会通过了《文化线路宪章》，"文化线路"作为一种新的大型遗产类型被普遍接受。

第二支重要力量来自世界遗产委员会，其 2003 年在对《保护世界文化与自然遗产公约》的实施文件《行动指南》进行新一轮修订中，主要就是加入有关"文化线路"的内容，这标志着"文化线路"的保护已经成为世界遗产保护事业的重要内容。特别是还形成了《行动指南》的一个附加文件。该文件详细讨论了"文化线路"的判定和分界标准，这一文件形成了"文化线路"研究的基础。

第三支重要力量来自欧洲委员会，除 1987 年最早宣布实施"欧洲文化线路计划"外，其 2010 年还通过了《文化线路扩大部分协定》，使"文化线路"的实体和精神内涵更加丰富、更加立体的同时也更加具有明确的指向。这是欧洲"文化线路"发展的里程碑事件，以多元化的主题和形式展示了欧洲共同的记忆、历史与遗产，是对欧洲多元文化的极佳阐释。

需要指出的是，正是由于三支力量的不懈努力，直接催生了关于"文化线路"的两大经典定义，获得普遍的认可。

一个是世界遗产委员会在《行动指南》中对"文化线路"的定义："文

化线路是一种陆地道路、水道或者混合类型的通道，其形态特征的定型和形成基于它自身具体的和历史的动态发展和功能演变；它代表了人们的迁徙和流动，代表了一定时间内国家和地区内部或国家和地区之间人们的交往，代表了多维度的商品、思想、知识和价值的互惠和持续不断的交流；并代表了因此产生的文化在时间和空间上的交流与相互滋养，这些滋养长期以来通过物质和非物质遗产不断地得到体现。"[①]这一定义阐释并具体离析了"文化线路"的本质特征、历史动态、空间形态以及多维度的价值构成。

另一个是国际古迹遗址理事会在《文化线路宪章》中对"文化线路"的定义："任何交通线路，无论是陆路、水路还是其他类型，拥有清晰的物理界限和自身所具有的特定活力和历史功能为特征，以服务于一个特定的明确界定的目的，且必须满足以下条件：a. 它必须产生于并反映人类的相互往来和跨越较长历史时期的民族、国家、地区或大陆间的多维、持续、互惠的商品、思想、知识和价值观的相互交流；b. 它必须在时间上促进受影响文化间的交流，使它们在物质和非物质遗产上都反映出来；c. 它必须要集中在一个与其存在于历史联系和文化遗产相关联的动态系统中。"[②]这一定义的重要价值在于对"文化线路"概念的外延做了具体而深入的分析和概括。

正是基于逐渐明朗清晰的"文化线路"概念的内涵和外延的确立，线性文化遗产的概念和发展理念得以升腾，特别在中国得到更广泛的认可。事实上，线性文化遗产与"文化线路"的概念一脉相承，都强调文化遗产在空间和时间中的延展性，打破了人们对文化遗产"点状"分布的传统认

---

① CIIC. 3rd Draft Annotated Revised Operational Guidelines for the Implementation of the World Heritage Convention, Madrid, Spain, 2003.

② 丁援：《国际古迹遗址理事会（ICOMOS）文化线路宪章》，《中国名城》2009 年第 5 期。

知，将特定时空内的历史遗址、城镇、景观等串联起来，并强调其历史影响与现实价值。

国内较为认可的对"线性文化遗产"的定义，是故宫博物院原院长单霁翔在 2006 年提出的。他认为，线性文化遗产是指在拥有特殊文化资源集合的线形或带状区域内的物质和非物质的文化遗产族群，往往出于人类的特定目的而形成一条重要的纽带，将一些原本不关联的城镇或村庄串联起来，构成链状的文化遗存状态，真实再现了历史上人类活动的移动，物质和非物质文化的交流互动，并赋予作为重要文化遗产载体的人文意义和文化内涵。①

实际上，线性文化遗产在实践中的推进程度与其研究状况是密不可分、互相支持的。当前线性文化遗产主要研究内容有四个方面：第一，线路走向与空间结构研究，这是线性文化遗产研究的基础性工作，是从历史地理学视角为线性文化遗产进行时空界定的过程，很多历史学者、民族学者和文化学者在这方面作出了贡献。第二，功能与价值研究，交通线路、军事工程、水利工程与重大历史事件在中华五千年文明发展过程中对中国经济、社会、文化的发展起到了至关重要的作用。第三，民族交往与文化传播研究，线性文化遗产的跨区域分布特征使之成为民族交往的通道和文化交流的纽带，随着人在线性空间的移动和交往实现文化扩散与交流。第四，遗产保护与旅游研究，对线性文化遗产本身以及沿线各种类型遗产进行统一保护与联合开发，通过发展旅游业促进文化遗产的传承和当地经济发展。这些国内成果为国家文化公园提供了最直接的研究参考，推动了国家文化公园的概念创新，为其建设发展做了充分的理论准备和路径

---

① 参见单霁翔:《大型线性文化遗产保护初论：突破与压力》,《南方文物》2006 年第 3 期。

探索。①

整体而言，线性文化遗产的形态可以是非常多样的，既可以是大自然中天然形成的河流、峡谷、山脉等，也可以是人类修建的运河、铁路、城市群、防御体系等。但无论何种形态，都必须在历史上对维护国家政治稳定、经济发展、社会进步与文化交流发挥过重要作用。

二、线性文化遗产的特征

线性文化遗产的特征主要可以从三个维度来理解。

一是跨越性。跨越性又包括两方面：既是地理空间上的跨越，也是历史时间维度的跨越。地理空间上的跨越性决定了线性文化遗产在形态上是以线状或带状存在的一整个文化遗产区域，覆盖的地域空间范围较大，并可以体现所涉及的不同地域的差异化特点。从性质上来看，既可以是一条实体的线路，比如跨越不同国家、区域的河流、水系；也可以是虚拟的线路，比如贯穿多个国家的贸易之路、宗教之路，等等。时间上的跨越性则指线性文化遗产往往经过了漫长的演变，是在历史演进的过程中连绵不绝又不断演化的。有的线性文化遗产可能已经有数千年的历史，反映了人类活动在千百年间的延续性。对于线性文化遗产来说，时间与空间上的跨越是交织在一起的，既体现地域特征，又体现历史积淀。

二是对文化具有较大的影响力。并不是所有具有一定时空跨越性的线性资源都能成为线性文化遗产。线性文化遗产需要对沿线区域的历史文化产生过较大的影响，在人类活动、历史进程、经济贸易、民族融合等方面有着重大的意义。线性文化遗产是物质文化遗产与非物质文化遗产的综合

---

① 参见李飞、邹统钎:《论国家文化公园:逻辑、源流、意蕴》,《旅游学刊》2021年第1期。

体，物质文化遗产承载了具有历史、艺术、科学等价值的有形文化遗产，反映历史上各时代、各民族社会制度、社会生产、社会生活，或重大历史事件、革命运动、著名人物等相关的遗迹；非物质文化遗产则反映沿线人民世代相传并视为其文化遗产组成部分的各种传统文化表现形式。大型线性文化遗产由于其跨度长、覆盖面广，涵盖了大量物质与非物质文化遗产，这使其在文化影响力上远远大于单一点状存在的文化遗产，能够更加丰富地展现沿线文化的共性与特性，并将其对文化的影响绵延传承下来。

三是具有现实意义和活力。线性文化遗产是活的遗产，一方面，它们仍然在对当前的地理文化空间发生着影响；另一方面，它们也需要进行活化的保护与利用。线性文化遗产不但具有考古价值，更具有文化传播和旅游价值。在传播民族文化精神、促进对外交流等方面，与其他文化遗产相比，线性文化遗产以其规模上的壮观、内容上的丰富、关联性上的紧密等特点，能够发挥更大的社会价值。在合理开发利用方面，线性文化遗产也具有丰富的可挖掘性，并通过旅游业的发展，带动沿线经济社会发展，使文化遗产具有更好的现实活力。

三、国外具有代表性的线性文化遗产

1. 圣地亚哥朝圣之路（西班牙段）

8 世纪末，传说耶稣十二门徒之一的圣雅各埋葬在伊比利亚半岛的西北部。一个隐士凭借天上星光的指引，发现了一个教堂，里面的墓穴正属于圣地亚哥。于是该地被更名为孔波斯特拉（意为"星之原野"），并成为朝圣之地。许多虔诚的基督教徒因此长途跋涉来此朝圣，"朝圣之路"即他们经过的道路，贯穿了西班牙北部的阿拉贡、纳瓦拉、拉里奥哈、卡斯蒂利亚—莱昂、加西里等 5 个自治区，全长约 789 千米。为接待和照料这

▲ 圣地亚哥朝圣之路

些朝圣者，沿途城镇及乡村修建了多处教堂，这些都成为珍贵的历史遗迹。1993 年，"朝圣之路"被列入《世界遗产名录》。

2. 米迪运河（法国）

法国米迪运河 1667 年开始修建，1681 年竣工，连接地中海和大西洋，

▲ 米迪运河

是欧洲近代最重要的土木工程之一。米迪运河蜿蜒流淌 360 千米，各类船只通过运河在地中海和大西洋间穿梭往来，整个航运水系涵盖了船闸、沟渠、桥梁、隧道等 328 个大小不等的人工建筑，创造了世界上最辉煌的土木工程奇迹之一。1996 年，米迪运河被列入《世界遗产名录》。

3. 塞默林铁路（奥地利）

塞默林铁路位于奥地利东部维也纳至的里雅斯特的崇山峻岭间，建于 1848 年至 1854 年。铁路全长 41.7 千米，线路落差 439 米，跨越险峻的塞默林山口，穿过 14 条隧道，跨过 16 座单层或双层的高架桥，是世界上第一条完全使用镐头等工具在高山上开凿的铁路。塞默林铁路建成后，阿尔卑斯山逐渐成为旅游胜地，铁路与优美的自然环境浑然一体，被视作人类征服自然的象征之一。这条铁路今天仍在使用。1998 年，塞默林铁路被列入《世界遗产名录》。

▲ 塞默林铁路

4.乌马瓦卡山谷（阿根廷）

乌马瓦卡山谷位于阿根廷北部，为安第斯山脉的一部分，长约 155 千米，南北走向。该地在 1 万年前就有人类居住，一直是从安第斯山脉高原到平原人们交通与交流的至关紧要的通道。乌马瓦卡山谷的重要战略位置使人们在这里定居，带来了农业和贸易的发展，因此，这里历史上曾为一条重要的商业通道。2003 年，乌马瓦卡山谷被列入《世界遗产名录》。

▲ 乌马瓦卡山谷

5.纪伊山地的圣地与参拜道（日本）

纪伊山地的圣地与参拜道包括了横跨日本和歌山县、奈良县及三重县的寺院及参拜路线。纪伊山脉拥有浓密的森林，也拥有大量建造于古代的宗教神殿遗址，最早的可以追溯到 9 世纪。3 处最具特点的神殿——高野山、吉野山、金峰山，由朝圣路线相连，一直通向奈良、京都。这些遗迹和周围的森林景观反映了 1200 年前日本的古老文化。在建筑风格上，反

▲ 纪伊山地的圣地与参拜道

映了传统的日本神道教与从中国和朝鲜半岛引入的佛教的融合。2004 年，纪伊山地的圣地与参拜道被列入《世界遗产名录》。

6. 印度山区铁路（印度）

本遗产包括三条铁路线，大吉岭喜马拉雅铁路是第一条，也是最著名的一条，堪称山区客运铁路的典范，始建于 1879 年，1881 年全线完工通车，总长约 60—80 千米，行驶一种迷你的爬山火车。尼尔吉利铁路是一条 46 千米长的窄轨单线铁路，1908 年竣工，铁路高度从 326 米升至 2203 米，代表了当时的最高水平。卡奥卡—西姆拉铁路 96 千米长，单线窄轨铁路，19 世纪中叶与高海拔的西姆拉镇连接通车，成为技术和建造材料突破的象征。目前这 3 条铁路均全线运行。1999 年，大吉岭喜马拉雅铁路被列入《世界遗产名录》。尼尔吉利铁路和卡奥卡—西姆拉铁路分别于 2005 年和 2008 年入选。

▲ 印度山区铁路

四、我国具有代表性的线性文化遗产资源

我国的代表性线性文化遗产除了长城、大运河、长征线路、黄河外，还有长江、丝绸之路、茶马古道、古蜀道、徽杭古道、抗联之路等等，各

▲ 长江

有鲜明特点和独特文化内涵。

1. 长江

长江发源于青藏高原的唐古拉山脉各拉丹冬峰西南侧，自西向东流经11个省级行政区，于崇明岛以东注入东海，全长6387千米，在世界大河中长度仅次于非洲的尼罗河和南美洲的亚马孙河，居世界第三位。

2. 丝绸之路

丝绸之路分为陆上丝绸之路和海上丝绸之路。陆上丝绸之路起源于西汉，是以长安（今西安）为起点，经甘肃、新疆，到中亚、西亚，并连接地中海各国的陆上通道，最初作用是运输中国古代出产的丝绸，在明朝时期成为综合贸易之路。海上丝绸之路是古代中国与外国交通贸易和文化交往的海上通道，主要以南海为中心，繁荣于唐、宋、元、明时期，是已知的最为古老的海上航线。2014年，中、哈、吉三国联合申报的陆上丝绸之路的东段"丝绸之路：长安—天山廊道的路网"成功申报为世界文化遗产，成为首例跨国合作而成功申遗的项目。

▲ 丝绸之路

3.茶马古道

茶马古道是指存在于中国西南地区，以马帮为主要交通工具的民间商贸通道，源于古代西南边疆的茶马互市，兴于唐宋，盛于明清。在高寒地区，需要摄入含热量高的脂肪，茶叶既能够分解脂肪，又防止燥热，故藏民在长期的生活中，创造了喝酥油茶的高原生活习惯，但藏区不产茶。而在内地，民间役使和军队征战都需要大量的骡马，但供不应求，而藏区则产良马。于是，具有互补性的"茶马互市"便应运而生。茶马古道也是川、滇、藏三地间文化传播交流的重要通道，促进了沿线各民族之间政治、经济、文化的互动、发展和融合，增进了彼此间情感的联系。

▲ 茶马古道

4.古蜀道

古蜀道有多条，其中最有名的是金牛道，南起成都，北至广元棋盘关，长达1000余千米。古蜀道历史悠久，至今已有3000多年历史，是保

▲ 古蜀道

存至今人类最早的大型交通遗存之一。古蜀道融合了巴蜀文化、三国文化等多种文化因素，融合了沿线不同地域的建筑、民间文化、衣食住行、生活方式等，是一条文化与经济交互传播的线路。古蜀道上还留有古代交通邮驿系统的遗存，见证了古代中国邮驿制度的高度文明。

第二节　国外线性文化遗产的保护利用现状与问题

一、保护利用现状

国外对线性文化遗产的保护利用工作开展得较早，形成了一些相对成熟的模式和经验。

在管理体制上，一般实行国家和地方两级管理，具体各个国家的机制又有所不同。例如，法国米迪运河的保护和开发，国家层面上，由法国国家航道管理局和国土设施交通整治部下属的水道管理机构两方共同管理；地区层面上，由国家航道管理局下属的图卢兹水运行政部进行管理。英国世界文化遗产的保护与管理由文化、媒体与体育部统一负责，并委托英格兰遗产委员会（English Heritage Committee）具体管理。地方层面主要是在中央政府和英格兰遗产委员会的监督下进行操作，由民间组织负责文化遗产的维护和咨询工作。

立法是国外线性文化遗产做得比较好的地方。美国针对国家遗产廊道制订专门法律，如1984年的《伊利诺伊和密歇根运河国家遗产廊道法》。加拿大制定了《历史运河保护法规》。法国制定了一系列关于米迪运河工程和管理的规章制度，如《两海运河上建筑和景观建设的规定》《米迪运河景观建设章程》等工程类规章以及针对一线管理人员的《米迪运河遗产管理手册》，对遗产点和景观提出具体要求的《建筑和船闸、运河住宅与景观管理手册》《植物管理方案》等。

积极申报世界遗产，也是国外加强线性文化遗产保护的一种成熟做法。根据张书颖等人的研究，截至2019年7月31日，通过对《世界遗产名录》中的文化遗产进行甄别检索，结合世界遗产委员会的遗产项目评语，共有33处世界线性文化遗产。① 申遗成功能够为线性文化遗产的保护提供强有力的支持，并在精心保护的前提下，带动相关产业，使遗产经济成为一种充满活力的经济类别。

国外线性文化遗产十分强调保护与合理开发并重。例如，西班牙圣地

---

① 参见张书颖、刘家明、朱鹤等：《线性文化遗产的特征及其对旅游利用模式的影响——基于〈世界遗产名录〉的统计分析》，《中国生态旅游》2021年第2期。

亚哥朝圣之路经常举办与线路文化主题相关的展览、庆典、电影、会议等文化旅游活动，并建立了专门的网站供公众查询、预订等。印度大吉岭喜马拉雅铁路已经成为当地重要的旅游观光项目，推动了当地社会经济的发展。

二、存在的问题

一是遗产产权存在一定的纠纷。由于线性文化遗产线路长、涉及面广，往往存在其中一部分属于国家、另有一部分属于私人产权的情况。比如，英国的哈德良长城是罗马帝国边界的一部分，包括一系列城墙、瞭望塔、里堡和城堡等，全长120千米，但90%以上地段属于私人财产。法国米迪运河的永久财产权曾在1666年授予设计师皮埃尔·保罗·里盖及其继承人，在1897年才由法国政府将其回购。[1] 为解决产权纠纷可能给遗产保护带来的问题，往往是通过成立专门的机构来进行协调。比如英国在1996年成立哈德良长城世界遗产管理委员会，2006年成立哈德良遗产有限公司进行统筹管理。这种以专门机构管理专门项目的做法，虽然能在一定程度上协调相关利益方，但成本相对较高。

二是部分线性文化遗产缺乏整体规划。最典型的是法国米迪运河，从20世纪80年代起，法国政府向地方下放权力，使地方乡镇作为编制和实施乡村规划的主体。但法国乡镇的数量超过3.6万个，乡镇之间的规划彼此独立，在很大程度上限制了公共政策的推行。在运河保护方面也是如此，整体规划难以出台，只能依靠地方乡镇自发组织起来联合保护，大大削弱了保护力度。

---

① 参见刘庆余：《国外线性文化遗产保护与利用经验借鉴》，《东南文化》2013年第2期。

三是过于依赖民间组织的力量。欧美发达国家在遗产保护方面十分依赖民间组织，民间组织也发挥了十分重要的作用。比如，作为英国世界文化遗产管理机构的英格兰遗产委员会就并非政府机构，而是由英国文化部赞助的公共机构。英国地方层面的遗产保护工作基本上都是由民间组织负责的。从积极的意义上说，这有利于发挥社会各界的力量；但同时，过度依赖民间组织，在遗产保护的资金筹措、管理机制、工作效率、资源统筹、专业水平等方面，都存在一定的风险。

四是资金来源不够稳定。欧美发达国家用于遗产保护的资金来源有一大部分要依靠社会团体、慈善机构和个人捐助，政府投入比较有限。比如，美国政府保护资金投入相对较少，且主要用于政府拥有的遗产保护，大部分文化遗产的保护资金要靠社会投资。美国内政部在审核项目的可行性研究报告时，会考虑当地居民支持率以及民间资本的承诺，《伊利运河国家遗产廊道法案》中明确规定联邦政府的资助不得超过总支出的50%。① 虽然吸纳社会资金参与遗产保护是一种非常重要的资金来源方式，但如果过于依赖社会资金，也会给遗产保护带来不确定因素。

五是政府对遗产保护的力度不足。在印度，大吉岭喜马拉雅铁路上至今仍跑着被戏称为"玩具火车"的蒸汽小火车，虽然对旅行者来说是一个有趣的观光景点，但事实上，作为一条仍要担负运输茶叶功能的铁路，这条铁路和蒸汽火车的物流运输效率已经远远难以满足需求，而且年久失修。但由于政府资金投入不足，铁路和火车都只能维持现状，尤其是老火车，完全没有日常保养，只在出现问题的时候紧急维修，勉强支撑。

---

① 参见张海芹、李树信、陈秋燕：《国内外文化线路遗产保护与开发比较研究》，《合作经济与科技》2021年第4期。

第三节　中国国家文化公园对于世界线性文化遗产保护利用的独特价值

我国对线性文化遗产的研究和保护工作虽然起步较晚，但随着"国家文化公园"概念的提出以及相关工作的推进，我国将在线性文化遗产保护利用方面为世界提供新的模式和探索。

当今世界是一个越来越多元化或多极化的世界，当代世界文化已经不可能再是西方中心主义的话语。西方模式不是唯一"正确"模式。处于后冷战时代的今天，民族文化的差异整合性将是一种普遍的文化现象。探视不同文化的属性问题、强调不同文化之间的平等对话与交流是后殖民主义带来的一个极具价值的理论启示。而国家文化公园作为独特的中国路径和中国模式，正是对世界线性文化遗产的丰富、完善和提升，带来了一种全新的审视视角，对当代复杂的文化遗产保护场域是一个极大的创造性发挥。

一、强化国家层面的大力保护

建立一套强有力的管理机制是加强线性文化遗产保护最关键的因素。其他国家在线性文化遗产管理上虽然也遵循国家和地方双重管理模式，但由于体制原因，这种上下联系往往是松散的，对于线性文化遗产保护所需的资源、资金、人力等要素，在统筹落实上会存在力度不足的问题。

而国家文化公园体制则很好地解决了管理层级的明晰划分问题，尤其是国家层面的支持力度。国家文化公园的管理体制是，构建"中央统筹、省负总责、市县落实"的工作格局。强化顶层设计、跨区域统筹协调，健全工作协同与信息共享机制,在政策、资金等方面为地方创造条件。诸如国家对于建设、保护规划编制的管理和监督,中央财政的支持,国家的"垂直管理"与地方管理相结合等,这些都体现了国家文化公园建设中的"国家在场"和"国家性"建构,体现国家意志和国家行为,凸显国家文化公园的"国家象征"。①

将线性文化遗产的保护提升到建立一套国家级的制度体系,这是国家文化公园最主要的创新之处。线性文化遗产跨度大、遗产类型丰富,而且数量和规模较大,分布零散,涉及的地区很广,且经济发展程度不同,人文风俗各不相同。同时,线性文化遗产的保护涉及多个部门、多个行业,只有从国家层面加大统筹力度,加强顶层设计,才有可能实现良好的保护与有效的利用。因此,国家在线性文化遗产保护上应该发挥更大的作用。

而国家文化公园正是这样一个有效的载体,将国家意志与国家在资源统筹上的优势有效结合起来,将线性文化遗产纳入国家整体保护的范围,使保护的力度极大增强,协调更加有力,资源配置更加高效,资金投入更有保障,保护利用的成效也将有显著提升。

二、凸显顶层设计的重要地位

线性文化遗产的延展性长、覆盖面广的特征,决定了做好其保护利用的相关顶层设计至关重要。要加强线性文化遗产整体规划的编制和实施,明确划定保护范围和建设控制地带,形成统一的保护规划,实施有效的整体保护,才能实现对线性文化遗产的有效保护和利用。

一些国家的线性文化遗产缺乏整体规划,制约了遗产保护的相关工

---

① 参见冷志明:《国家文化公园:线性文化遗产保护传承利用的创新性探索》,《中国旅游报》2021年6月2日。

作，给遗产保护带来了许多不确定性。规划缺乏整体性，遗产涉及的相关地方各行其是，也不利于遗产经济社会效益的充分发挥。

我国提出建立国家文化公园，首先就把编制国家文化公园整体规划放在突出位置。目前，长城国家文化公园、大运河国家文化公园、长征国家文化公园的整体建设保护规划都已经出台，黄河国家文化公园的整体建设保护规划也在紧锣密鼓地制定中。

在这些整体规划中，都十分强调"总体性"。例如，都对国家文化公园的建设提出"总体要求"，包括总体指导思想、总体定位、总体原则、总体目标等。整体规划对每个国家文化公园的总体空间布局作出详细规划，要求根据文化资源的整体布局、禀赋差异及周边人居环境、自然条件、配套设施等情况，结合国土空间规划，重点建设管控保护区、主题展示区、文旅融合区、传统利用区四类主体功能区。管控保护区对文物本体及环境实施严格保护和管控；主题展示区为游客提供参观游览和文化体验服务；文旅融合区通过延长文旅产业链，充分释放文物和文化资源的价值；传统利用区着重发掘文化遗产对社区民俗的活化作用。这就从整体上搭建起了线性文化遗产保护利用的框架，更加突出遗产的整体性能。

同时，每个国家文化公园的整体规划也对规划的实施保障提出了明确措施，尤其是对涉及的相关地区在衔接协调上的相关责任义务进行了明确，强调在国家文化公园建设工作领导小组的统一指导下，做好国家文化公园建设组织协调，强化顶层设计、跨区域统筹协调，发挥部门职能优势、整合资源形成合力。

通过国家文化公园的整体建设保护规划，可以看出，国家文化公园体制有利于对线性文化遗产进行较为完善的顶层设计，是加强线性文化遗产整体保护的一种创新尝试。

三、建立更加系统性的保护利用机制

由于线性文化遗产所涵盖的文物、文化资源极为丰富，因此，无论是保护还是利用，都需要更具系统性。如果只是零零散散地开展相关项目，则难以将遗产所具备的文化价值充分释放出来。但如何将线性文化遗产进行更全面的挖掘利用，则是一个世界性的难题。

国家文化公园机制的出现，恰好弥补了这一弱项。我国提出每个国家文化公园都实施几大工程，即保护传承工程、研究发掘工程、环境配套工程、文旅融合工程、数字再现工程等。保护传承工程以遗产保护为主，尤其是突出集中连片遗产资源的保护；研究发掘工程致力于发掘遗产的精神文化价值，构建相应的理论体系和话语体系；环境配套工程强调维护线性文化遗产沿线的人文自然风貌，打造融交通、文化、体验、游憩于一体的复合廊道；文旅融合工程着力推动遗产文化资源与区域优质资源一体化开发，探索符合当地实际、形式多样、可复制、可推广的文旅产业融合模式；数字再现工程将利用新技术，逐步实现线性文化遗产资源的数字再现和虚拟复原。对于每个国家文化公园来说，在大的工程定位框架下，可以结合自身特点，细化具体的工程内容，做到各具特色、统筹推进。

可以看出，国家文化公园实施的几大工程，将线性文化遗产在保护利用过程中的重点问题、难题基本都涵盖了进来。在这几大工程的框架下，线性文化遗产的资源禀赋、文化价值、活化利用、数字孪生等内容都能得到有效落实。而且，框架并未限制各个国家文化公园的主观能动性与特色化探索，有利于体现不同类型的线性文化遗产的重点特色，并根据实际需求进行创造性探索。比如，长征国家文化公园在实施这五大工程之外，还提出实施教育培训工程，完善红色教育培训体系建设。这也是由长征文化所特有的红色教育意义所决定的。

四、积极创新公园化运营模式

线性文化遗产以什么样的模式来日常运营，在全世界范围内并没有统一的模式。大多数线性文化遗产以自然状态存在，按历史遗留下的传统方式运转，虽然保持了遗产的原貌，但对于遗产保护利用的许多新要求来说，还是远远不够的。

我国对部分重要的线性文化遗产实行国家文化公园的公园化运营管理模式，是一种创新之举。实施公园化管理运营，即打造一个具有特定开放空间的公共文化载体，将保护传承、文化教育、旅游体验、科学研究、公共服务等多项功能集聚在一起，提供公益性的服务，使公众成为积极参与者和主要受益者，为公众提供公共文化产品和游憩、观赏和教育的场所，让全体公民享受国家文化公园的福利，使民众感受自然人文之美，接受自然、生态、历史、文化教育，通过国家文化公园走向大众，与大众的精神文化生活深度融合，提升国民的文化自信和民族自豪感，培养国民的爱国情怀，最终实现"国家认同"。①

通过公园化的运营管理模式，既能为线性文化遗产的保护利用提供相对稳定的空间，又能为公众提供可持续的公共服务。同时，通过公园这一明确的空间架构，可以将一些尚未得到政府和文物部门保护的、对中国广大城乡的景观特色、国土风貌和民众的精神需求具有重要意义的景观元素、土地格局等联系在一起，②与公园所具有的要素相结合，构成连续完整的文化格局，为未来进一步拓展和丰富线性文化遗产的内涵留下充分的空间。

---

① 参见冷志明：《国家文化公园：线性文化遗产保护传承利用的创新性探索》，《中国旅游报》2021 年 6 月 2 日。
② 参见俞孔坚、吴雪松、李迪华、李海龙、刘柯：《中国国家线性文化遗产网络构建》，《人文地理》2009 年第 3 期。

国家文化公园的未来与未来的国家文化公园

活水源流随处满，东风花柳逐时新。

中国特色社会主义进入了新时代，我国社会主要矛盾转化为人民日益增长的美好生活需要和不平衡不充分的发展之间的矛盾。

国家文化公园从概念的提出到实践的推出，就是在社会主义文化强国建设的伟大征程中，不断满足人民日益增长的美好生活需要，并积极解决地区间不平衡不充分的文化发展的问题。

国家文化公园的未来，如何还能更好地推进？

从战略层面，需要以习近平新时代中国特色社会主义思想为指导，坚持有效保护传承利用，严格落实"保护为主、抢救第一、合理利用、加强管理"方针，深入挖掘国家文化公园的文化精神内涵和建设保护要义，突出顶层设计，彰显地方特色，注重跨地区跨部门协调，高质量推进项目建设。

除了现有建设路径和发展模式，是否还可以深入探索新时代文物和文化资源保护传承利用的新路？

比如，现在的国家文化公园都是线性文化遗产，未来是否可以在点状、面状层面选择一些凝结着中华民族的民族精神和民族情感、承载着中华民族的文化血脉和思想精华的文化遗产？事实上，2017年5月《国家"十三五"时期文化发展改革规划纲要》中提出规划建设一批国家文化公园，其列举的例子就包括"长城、大运河、黄帝陵、孔府、卢沟桥"等重大历史文化遗产。

比如，是否可以参照国家公园管理局，也设立国家文化公园管理局？这样有利于破解管理体制机制的制约因素，深入梳理工作推进流程，进一步提升管理效能。

比如，在适当的时候是否可以建设昆仑山国家文化公园？巍巍昆仑山，西起帕米尔高原东部，横贯新疆、西藏间，伸延至青海、四川省内，东连秦岭—大别山，横亘约 2500 千米，是中国西部高原地貌的基本骨架，被誉为中华民族的"万山之宗""龙脉之祖"。古往今来，昆仑以其特有的文化内涵与张力，成为无数中华儿女心中的神圣图腾。昆仑大地历来便是中华各民族世居交融、文化互鉴融通的地方。按照《山海经》《禹贡》《竹书纪年》等一系列典籍记载，古代中国的先祖圣王，无论是伏羲、女娲、炎帝、黄帝，还是尧、舜、禹等，都与昆仑有着密切联系。可以说，昆仑在中国文化中是一个极其重要的概念，昆仑山系辽阔的、雄浑的、连绵不绝的地理尺度，实际上也是中华文明的尺度。伴随着中华民族的伟大复兴，中华民族就像巍峨的昆仑一样，一定能够屹立于世界民族之林。建设昆仑山国家文化公园，就是文化自信、民族自信的生动注解。

比如，东北抗联国家文化公园。东北抗日联军是中国共产党领导创建的人民抗日武装，是东北地区抗战主力，从 1931 年到 1945 年，在长达 14 年的艰苦抗战中，为中国人民抗日战争乃至世界反法西斯战争的胜利作出了积极贡献。而建设东北抗联国家文化公园能够推动东北地区乃至全国的红色文化和红色旅游多方位、全链条深度融合；促进东北地区经济发展、助力乡村振兴；通过对东北抗联文化的保护与研究，提升中华文化国际影响力。同时，从现实条件来看，东北三省已经逐渐形成共识，近几年不断谋划筹建东北抗联国家文化公园。在推进国家文化公园建设中，极需要解决的就是充分调动地方的积极性。

国家文化公园的未来，需要统筹考虑这些问题，既立足当前又着眼长远，既量力而行又尽力而为。

未来的国家文化公园，应该是什么模样？

这并没有统一答案。但从大方向看，国家文化公园应该建设成为传承中华文明的历史文化走廊、中华民族共同精神家园、代表国家水准和展示国家形象的亮丽名片、提升人民生活品质的文化和旅游体验空间，为建设社会主义文化强国作出重要贡献。

这就需要上下齐心、共同发力，满载着一船星辉乘风破浪，各自身体力行参与到国家文化公园建设的伟大进程之中，形成一盘棋的建设大格局。

当今世界正经历百年未有之大变局，机遇与挑战并存。在这激荡的大时代，面对日新月异的变化，与其共鸣夫子的务虚之叹——"逝者如斯夫"，不如共赴鲁迅先生的实干之邀——"只是向上走，不必听自暴自弃者流的话。能做事的做事，能发声的发声。有一分热，发一分光。"

"不见昨夜雨湿处，聊以新颜待今朝"。立足当下，政策端、理论界、实践层等都积极行动起来，以时不我待、只争朝夕的精神投入工作，开创国家文化公园建设的新局面。

我们期待国家文化公园的未来和未来的国家文化公园，能够挺立时代潮头书写出华美乐章，向我们伟大的民族交出一份充满诚意和敬意的答卷。

| 附录一 |

大 事 记

1. 2017 年 1 月，中共中央办公厅和国务院办公厅发布的《关于实施中华优秀传统文化传承发展工程的意见》，其中明确提出"规划建设一批国家文化公园，成为中华文化重要标识"。这是"国家文化公园"的概念首次正式出现。

2. 2017 年 5 月，中共中央办公厅、国务院办公厅印发《国家"十三五"时期文化发展改革规划纲要》。其中明确提出，依托长城、大运河、黄帝陵、孔府、卢沟桥等重大历史文化遗产，规划建设一批国家文化公园，形成中华文化的重要标识。

3. 2019 年 7 月 24 日，中央全面深化改革委员会第九次会议审议通过了《长城、大运河、长征国家文化公园建设方案》。会议指出，建设长城、大运河、长征国家文化公园，对坚定文化自信，彰显中华优秀传统文化的持久影响力、革命文化的强大感召力具有重要意义；要结合国土空间规划，坚持保护第一、传承优先，对各类文物本体及环境实施严格保护和管控，合理保存传统文化生态，适度发展文化旅游、特色生态产业。从此，国家文化公园建设正式展开。

4. 2019 年 9 月 27 日，大运河国家文化公园建设推进会在江苏扬州召开。时任文化和旅游部部长雒树刚、江苏省省长吴政隆出席会议并讲话。雒树刚强调，建设大运河国家文化公园，是深入贯彻习近平总书记重要批示精神的重大举措。要强化政治意识、保护意识、传承意识、利用意识。要坚持保护第一、传承优先、规划先行，不能一哄而上、盲目投资。以大运河沿线一系列主题明确、内涵清晰、影响突出的文物和文化资源为主干，生动呈现中华文化的独特创造、价值理念和鲜明特色，促进科学保护、世代传承、合理利用，做大做强大运河中华文化重要标志。

5. 2019 年 12 月，中共中央办公厅、国务院办公厅印发《长城、大运河、长征国家文化公园建设方案》，要求各地区各部门结合实际认真贯彻落实。国家文化公园建设有了路线图，相关工作实现了落地纵深探索。

6. 2020 年 1 月 3 日，中央财经委第六次会议明确要求谋划建设黄河国家文化公园，要实施黄河文化遗产系统保护工程，打造具有影响力的黄河文化旅游带。

7. 2020 年 8 月 28 日至 9 月 4 日，全国政协文化文史和学习委员会调研组围绕"推进长城国家文化公园建设"主题，在山西、河北两省开展监督性调研。这是十三届全国政协以来第一次、也是《建设方案》印发后首次对长城进行调研。委员们认为，高质量推进长城国家文化公园建设，要坚持保护第一，严格保护和管控长城文物本体及周边环境，同时根据每段长城的区位特点、资源禀赋、人文历史、现实需要等因素，研究确定保护重点，努力做到分类施策、精准保护。要正确处理保护和利用的关系，做到既有效保护、合理利用，又避免无序开发、过度商业化。

8. 2020 年 9 月 27 日，《浙江省大运河世界文化遗产保护条例》经浙江省十三届人大常委会第二十四次会议审议通过，是国内第一部关于大运河世界文化遗产保护的省级地方性立法。《条例》在贯彻文物工作方针的前提下，提出了"保护优先、活态传承、合理利用"的保护原则，"维护大运河遗产的真实性、完整性和延续性"。《条例》明确了大运河沿线省和相关设区的市、县（市、区）人民政府负责大运河遗产保护的主体责任，同时，浙江将大运河遗产河道保护纳入"负责河长制工作的机构"的工作范围，并列入各级河长履职考核内容。

9. 2020 年 10 月，在党的十九届五中全会审议通过的《中共中央关于制定国民经济和社会发展第十四个五年规划和二〇三五年远景目标的建议》中指出：传承弘扬中华优秀传统文化，加强文物古籍保护、研究、利用，强化重要文化和自然遗产、非物质文化遗产系统性保护，加强各民族优秀传统手工艺保护和传承，建设长城、大运河、长征、黄河、长江等国家文化公园。

10. 2020 年 12 月 11 日，长城国家文化公园建设推进会在河北秦皇岛召开。文化和旅游部部长胡和平，河北省委书记、省人大常委会主任王东峰出席并讲话。胡和平强调，建设国家文化公园，是以习近平同志为核心的党中央作出的重大决策部署，是推动新时代文化繁荣发展的重大文化工程。我们要进一步贯彻落实习近平总书记重要指示精神和党的十九届五中全会关于文化建设战略决策，提高政治站位，深刻把握长城作为中华民族象征的重要地位，充分认识长城文化在弘扬民族精神方面的重要价值和作用。

11. 2020 年 12 月 23 日，长征国家文化公园建设推进会在贵州省遵义市召开。时任中宣部副部长蒋建国、贵州省委书记谌贻琴出席会议并讲话。蒋建国强调，要提高思想认识、增强行动自觉，坚持国家站位、突出国家标准，彰显文化内涵、弘扬文化精神，创新公园模式、满足人民需求，强化组织领导，发挥制度优势，加快推进各项工作。要紧紧围绕习近平总书记在纪念红军长征胜利 80 周年大会上的讲话精神，紧扣长征文化特别是长征精神大主题，增强"四个意识"，坚定"四个自信"，做到"两个维护"，坚持正确导向，提升思想内涵。要讲好长征故事、先辈故事，先讲好项目故事、建设故事。要坚持保护第一，反对拆真建假、拆旧建新，反对破坏环境、改变环境。

12. 2021 年 2 月 5 日，河北迁安市长城国家文化公园管理中心正式成立，建立了统筹推进、市（县）镇联动、高效运转的长城国家文化公园建设保护工作体系，成为全国首家县（市）级长城国家文化公园建设保护机构。

13. 2021 年 2 月，河南省文化和旅游厅、河南大学共建黄河国家文化公园研究院正式揭牌，这是国内首家以黄河国家文化公园为主要研究对象的研究机构。黄河国家文化公园研究院将集中优质资源，致力于在黄河文化研究阐释、黄河文化遗产保护廊道规划建设、黄河国家文化公园建设保护、黄河文化旅游带建设等领域加强合作，深入挖掘黄河文化内涵和蕴含的时代价值，不断提升黄河文化凝聚力和影响力，着力推进黄河国家文化公园的规划建设和黄河文化旅游带的构建与高质量发展。

14. 2021 年 2 月 9 日，国家文化公园专家咨询委员会秘书处挂牌仪式在北京举行，标志着国家文化公园专家咨询委员会正式组建，国家文化公园工作机制建设开启新的阶段。专家咨询委员会受国家文化公园建设工作领导小组及其办公室的领导和协调，积极完成交办任务、委托事项，为领导小组及相关方面提供决策咨询、政策建议，研究建立国家文化公园学科体系、学术体系、话语体系，评议各地报审的国家文化公园建设保护规划及相关材料，积极推动国家文化公园及其建设工作的宣传介绍、说明展示，升拓性建设、引领性发展。专家咨询委员会内设长城、大运河、长征专家组，分别对接服务长城、大运河、长征国家文化公园建设，下一步还将根据工作需要设置黄河专家组。此次入选的委员涵盖了历史、文化、旅游、文物、规划、艺术管理、科技、生态等领域的知名专家学者和专业管理人员。经中央相关部门和地方推荐，并严格筛选、审核，81 名专家学者正式入选专家咨询委员会。

15. 2021 年 3 月 31 日，河北省十三届人大常委会第二十二次会议全票通过《河北省长城保护条例》，率先在省级地方立法层面对长城国家文化公园作出规范，为依法推进长城国家文化公园建设提供了有力法制支撑。

16.2021 年 4 月，江苏省文投集团、腾讯云等单位机构联手，共同打造全国首个数字化大运河国家文化公园——"大运河国家文化公园数字云平台"，开展云平台文化数据枢纽、运河知识图谱、区块链版权登记、企业服务平台、云赏运河、运河 3D 可视化、文化创作工具箱等项目建设，以大运河文化保护传承为引领，助力大运河沿线区域经济社会发展。"大运河国家文化公园数字云平台"建设，对于数字化、可视化保护传承大运河文物和文化资源，多维度展示千年运河的历史风貌和文化底蕴，具有十分重要的时代意义和创新价值。

17.2021 年 6 月 2 日，黄河国家文化公园建设推进会在山东济南召开。时任山东省省长李干杰、国家发展改革委副主任连维良出席会议并讲话。连维良强调，要深入贯彻落实习近平总书记关于黄河流域生态保护和高质量发展重要指示精神，注重顶层设计，加强项目建设，突出文化特色，做好文旅融合，坚持绿色发展，共同抓好大保护，高标准建设管控保护区、主题展示区、文旅融合区、传统利用区，有效推进黄河国家文化公园建设各项任务落实落地。

18.2021 年 7 月 1 日，《贵州省长征国家文化公园条例》正式施行，这是全国首部涉及长征国家文化公园的地方性法规。《条例》共七章五十二条，着重从制度安排上解决保护、建设、管理和利用过程中面临的具体问题。《条例》的出台，为贵州省建设长征国家文化公园、传承弘扬长征精神提供法律保障，标志着贵州省长征国家文化公园建设工作进入了规范化、法治化轨道。

19.2021 年 8 月，《长城国家文化公园建设保护规划》《大运河国家文化公园建设保护规划》《长征国家文化公园建设保护规划》出台。它们对每个国家文化公园的建设保护单独进行规划,力图深入指导沿线省份推出分省份建设保护规划,着力形成定位准确、特色鲜明、功能突出、贯通衔接的国家文化公园建设规划体系。

20.2022年1月,国家文化公园建设工作领导小组印发通知,部署启动长江国家文化公园建设,长江沿线各省区市文化和旅游业界人士表示,将紧抓长江国家文化公园建设重大机遇,激活长江丰富的历史文化资源,系统阐发长江文化的精神内涵,深入挖掘长江文化的时代价值,讲好新时代长江故事。

21.2021年11月29日,河北印发出台《长城国家文化公园(河北段)建设保护规划》,成为全国长城国家文化公园建设中较早出台建设保护规划的省份。

22.2022年1月,国家文化公园建设工作领导小组宣布,启动长江国家文化公园建设,长江国家文化公园涉及上海、江苏、湖北、湖南、重庆、四川、云南、西藏、青海等共13个省区市。这是继长城、大运河、长征、黄河国家文化公园之后,我国启动的第五个国家文化公园建设,是推动新时代文化繁荣发展的重大工程。

23.2022年3月,山东省政协2022年协商工作计划,召开"努力建设好长城国家文化公园(山东段)"专题协商会,邀请社会各界人士为建设好长城国家文化公园(山东段)建言献策,共同为文化传承弘扬贡献智慧力量。

24.2022年5月,国家发展改革委下达文化保护传承利用工程2022年第一批中央预算内投资,安排中央预算内投资64.9亿元,支持国家文化公园、国家公园等重要自然遗产保护展示、重大旅游基础设施、重点公共文化设施等288个项目。

25.2022年6月,北京城市副中心正式面向社会公开发布《通州区

2022年推进全国文化中心建设（大运河国家文化公园建设）重点任务清单》，全面推进大运河5A级景区、台湖演艺小镇、宋庄艺术创意小镇、张家湾设计小镇和张家湾古镇建设等大运河国家文化公园重点任务。

26. 2022年7月，中国文化传媒集团发行首期国家文化公园主题数字藏品。首套数字藏品共5款，分别为长江、长城、黄河、长征、大运河。本项目是国家级国家文化公园文化数字藏品开发的首次探索。

27. 2022年8月，由中国经济信息社编制的《长城国家文化公园传播力暨旅游发展指数》正式对外发布。该指数报告主要围绕长城国家文化公园的传播趋势、关注区域热度、发布渠道、热点内容等方面展开分析。

28. 2023年2月，黄河国家文化公园形象标志在河南的隋唐洛阳城和二里头国家考古遗址公园主入口正式亮相，这不但是提升黄河国家文化公园形象辨识度的积极尝试，也是黄河国家文化公园建设保护的重要成果。黄河国家文化公园形象标志的设计理念立足黄河"几"字弯地理特征，同时融入"红飘带"和"龙图腾"的造型特征，传达出中华文明起源、形成、发展的历史进程，象征着中华民族的生生不息以及新时代的崛起与腾飞。

29. 2023年3月，全国"两会"期间，多位代表、委员提了国家文化公园相关的提案、建议，聚焦建设的进度、路径、效果、难点、意义价值等诸多方面。

30. 2023年6月，首个以长征为主题的全域行浸式数字科技体验馆——红飘带在贵州贵阳正式点亮。红飘带是贵州推进长征国家文化公园建设的标志性、引领性工程，运用国内外最前沿的数字技术和声光电设备，打造全域行浸数字演艺《红飘带·伟大征程》，以历史视角、战略视角等多重叙事角度再现长征的伟大史诗。

31. 2023年7月1日，由南京出版传媒集团（南京出版社）主办的"读懂中华文明的独特标识——'中国国家文化公园丛书'新书分享会"在江苏书展成功举行，现场发布丛书第一辑"国家文化公园100问"之《长江国家文化公园100问》。"中国国家文化公园丛书"是全国首部国家文化公园科普读物，从历史学、经济学、艺术学、文化遗产等不同学科视角，为读者解答国家文化公园是什么、为什么要建以及该怎么做等关键性问题。

32. 2023年7月17日，国家发展改革委、中共中央宣传部、文化和旅游部、国家文物局等部门联合印发《黄河国家文化公园建设保护规划》。《规划》范围包括黄河流经的青、川、甘、宁、内蒙古、陕、晋、豫、鲁9个省（区）。

33. 2023年7月，文化和旅游部、国家文物局、国家发展改革委印发了《长江文化保护传承弘扬规划》，吹响了进一步保护好、传承好、弘扬好长江文化的时代号角。《规划》强调，要建设长江国家文化公园，完善功能，健全协调机制，着力形成布局合理、特色鲜明、功能衔接、开放共享的建设格局。

相关作品

建设好国家文化公园

前不久，中办、国办印发《长城、大运河、长征国家文化公园建设方案》（以下简称《方案》），强调到 2023 年底基本完成建设任务，使长城、大运河、长征沿线文物和文化资源保护传承利用协调推进局面初步形成。这标志着《方案》从今年 7 月在中央深改委审议通过后，已经进入贯彻落实阶段。

万里长城是中国悠久历史和灿烂文明的象征，凝聚了中华民族众志成城、坚韧不屈的爱国情怀。大运河与长城一起被列为世界最宏伟的四大古代工程，是中国人民征服自然、改造自然的伟大创造，是中华民族不朽的历史文化。长征在中国革命史上具有崇高地位，展现了中华民族百折不挠、自强不息的精神，反映了红色革命文化的强大感召力。随着长城、大运河、长征国家文化公园建设逐步开始，流淌在中国人血液中、凝结在共同记忆里的传统文化和革命文化，将以国家文化公园为载体展现出永恒的魅力。

建设国家文化公园，是深入贯彻落实习近平总书记关于发掘好、利用好丰富文物和文化资源，让文物说话、让历史说话、让文化说话，推动中华优秀传统文化创造性转化创新性发展、传承革命文化、发展先进文化等一系列重要指示精神的重要举措。以长城、大运河、长征沿线一系列主题明确、内涵清晰、影响突出的文物和文化资源为主干，生动呈现中华文化的独特创造、价值理念和鲜明特色，对于进一步坚定文化自信，充分彰显中华优秀传统文化持久影响力、革命文化强大感召力、社会主义先进文化强大生命力将产生广泛而深远的影响。

文化是一个国家、一个民族的灵魂，其凝聚力源于对传统的保护，其生命力在于世代传承与不断发展。每一个时代都需要文化建设的精品力作。新时代，人民群众对文化供给"量的扩大"以及"质的提升"都有了新的要求，推进国家文化公园建设是满足文化需求的精准供给。在一定的物理空间内，展示最有辨识度、生命力和传播力的文化景观，有利于体现文物保护、资源利用和文化传承的统一，有助于将三大国家公园打造成国家形象和民族符号。人们将在游览中听到文化之声、看见文化之美、领悟文化之韵，在纵情山水之际增强文化自信心，在追忆往昔时提高文化认同感，在心意相通里让文脉永续流淌。

文化传承保护是世界性话题。建设国家文化公园，也将为文物保护、文化传承提供中国方案。《方案》的一个鲜明特色，就是注重处理好传承保护与合理开发之间的关系，既明确实施重大修缮保护项目、严防不恰当开发和过度商业化，又鼓励对优质文化旅游资源推进一体化开发、培育一批有竞争力的文旅企业。同时，长城、大运河、长征分别涉及15个、8个、15个省区市。《方案》要求，强化顶层设计、跨区域统筹协调，正是要发挥中国特色社会主义的制度优势。

一分部署，九分落实。《方案》明确了国家文化公园建设的时间表、路线图，但高质量推进贯彻落实还需要下硬功夫。以深耕厚植之心，凝聚各方之力，就必定能将国家文化公园建设成为新时代中国文化传承的精品，使之成为世界各国争相欣赏的中国文化瑰宝。

（刊发于《人民日报》2019年12月16日第5版）

国家文化公园建设的是文化自信

近日，中共中央办公厅、国务院办公厅印发了《长城、长征、大运河国家文化公园建设方案》（以下简称《方案》），标志着三大国家文化公园进入实质性建设阶段。其实，国家文化公园是在 2017 年首次提出的，今年 7 月 24 日，在中央全面深化改革委员会第九次会议上，审议通过了《方案》。三大国家文化公园建设引起了社会广泛关注，但很多人只是把它当作普通的文旅项目，却忽视了国家文化公园对传播传统文化和革命精神，增强文化自信的内在要求。

文化建设是重中之重

"不到长城非好汉！"万里长城是所有中国人心中的情结，也是中国悠久历史和灿烂文明的象征，凝聚了中华民族众志成城、坚韧不屈的爱国情怀；长征在中国革命史上具有不可动摇的地位，是中华民族百折不挠、自强不息民族精神的最高表现，反映了红色革命文化的强大感召力；大运河与长城一起被列为世界最宏伟的四大古代工程，是中国人民征服自然、改造自然的伟大创造，是中华民族流动的历史文化。

长城、长征、大运河都是人民群众耳熟能详的事物，是中华民族的重要象征和中华文明的典型代表，饱含中国的历史起源、民族精神与国家价值观的渗透，彰显中华优秀传统文化和中国革命精神的持久影响力和旺盛生命力。国家文化公园建设是要通过顶层规划设计，将长城、长征、大运河这些线性文化遗产进行统筹协调管理，严格保护传统文化生态，合理适度发展文化旅游，集中体现和利用国家的文化财富。

说到底，国家文化公园就是将这些独一无二的文化资源有效保护和利用起来，在保护、阐释、解说、研究、传播国家文化遗产的同时，肩负起为增强文化自信提供更为直观的体验感受、形成中华文明宣传阵地和精神家园的重要使命。

保护传承是文化自信的内在要求

文化是一个国家、一个民族的灵魂，其凝聚力源于对传统的保护，其生命力在于世代传承与不断发展。可以说，对自身文化的保护与传承是文化自信的内在要求和外在表现，没有对自身文化价值的充分肯定和高度认同，就不会下大决心、花大力气去保护，只会弃之如敝屣，任由其自生自灭；没有发自内心深处对其文化生命力的坚定信心，就不会去研究、去传承，只会束之高阁，尘封在历史的档案中。

中华民族的文化自信来源于五千多年文明历史所孕育的中华优秀传统文化，根植于中国人民在革命、建设、改革中创造的革命文化和社会主义先进文化。《方案》强调，国家文化公园建设要坚持保护优先、强化传承的原则。保护的是公园内各类文物本体及环境，传承的是公园所蕴含的深刻文化。这一原则反映出的正是国家和民族对历史文物和文化资源保护传承的高度责任感，以及对中华传统文化价值和红色革命精神的理性认同与坚定信心。

文旅融合有助于形成文化自信

《方案》要求，国家文化公园要重点建设管控保护区、主题展示区、文旅融合区和传统利用区四类主体功能区，重点打造五个标志性工程。文旅融合确实是国家文化公园建设的重要内容之一，也是对优质文化旅游资源推进一体化开发的一次探索。

事实上，文旅融合本身就能够推动或者形成更广泛、更基础的文化自信。文化能够借助旅游深抵到每一个社会个体、每一个游客灵魂深处，推动人民群众文化自尊、文化自信和文化自觉的内化与升华，形成更加广泛、更加基础的文化共识。文旅融合的成果不仅仅只有文旅产品，还会推动文化生态的构建和社会核心价值的普及。

各级地方政府不能把国家文化公园仅仅作为一个旅游项目，不能只盯着观光旅游做文章，更不能建设成一个传统的景区公园，应该更加深刻认识到文旅深度融合的发展要求，在推广长城文化、大运河文化和长征精神方面想办法，提升"万里长城""千年运河""两万五千里长征"的整体辨识度、生命力和传播力，真正把三大国家公园打造成国家形象和民族符号，提振中华民族的文化自信。国家文化公园建设任重而道远。

（新湖南客户端官方账号，2019 年 12 月 13 日）

国家文化公园规划建设破题

近日，中国社会科学院财经战略研究院、中国社会科学院旅游研究中心及社会科学文献出版社在京举办了"中国旅游：迈向高质量发展——2021年《旅游绿皮书》发布暨研讨会"。该书发布了2020年中国旅游十大热点，分别为："纾困政策推动旅游市场复苏""诸多国字品牌优化旅游供给""国家文化公园规划建设破题""旅游企业有为担当共克时艰""海南离岛免税吸引消费回流""科技助力防控加速发展变革""文博搞活尝新焕发空前魅力""数字赋能产业促动旅游转型""直播电商出圈试水旅游营销""丁真新晋顶流引发营销热潮"。本人执笔了"国家文化公园规划建设破题"一文，全文如下：

热点事件

2020年国家文化公园建设工作推进加速。8月至10月，全国政协专题调研组围绕长征国家文化公园建设、长城国家文化公园建设等内容，赴山西、河北、甘肃、宁夏、陕西等地开展调研。10月29日印发的《中共中央关于制定国民经济和社会发展第十四个五年规划和二〇三五年远景目标的建议》明确，建设长城、大运河、长征、黄河等国家文化公园。12月11日召开长城国家文化公园建设推进会，一批国家及省级层面重点项目初步梳理确定。12月23日召开长征国家文化公园建设推进会，重点建设区取得重要进展，标志性项目有序实施。12 月 30 日召开黄河国家文化公园建设启动暨大运河、长城、长征国家文化公园建设推进视频会，进一步明确各地发展改革部门推进国家文化公园建设的总任务和总要求，并就启动黄河国家文化公园建设作具体部署。12 月 31 日，2020 年大运河国家文化公园杭州项目群集中开工亮相，建设工作迈入新阶段。

事件点评

建设国家文化公园，是以习近平同志为核心的党中央作出的重大决策部署，是推动新时代文化繁荣发展的重大文化工程。2020 年是国家文化公园建设破题之年。打通从"理念设想"到"蓝图实施"的关键一步，需要蓝图规划先行。一年中，长城、大运河、长征国家文化公园建设从规划入手，全国总体规划、全国专项支撑性规划、重点省份建设规划编制工作依次展开，并取得阶段性成果。

依据这些规划，统筹资源禀赋、人文历史、区位特点、公众需求等因素，作为彰显中华优秀传统文化的国家级重大标志性项目日渐清晰。同时，以规划体系落地为重点，国家文化公园建设在保护和挖掘文化遗产、丰富文化旅游供给、提高文化软实力"金字招牌"等方面实现了多点突破、蹄疾步稳、纵深推进。许多牵一发动全身的重大改革方案提上日程，前瞻性的工作方案也在酝酿落地当中，国家文化公园建设总体呈现渐次展开、破浪前行的壮阔景象，各地"一盘棋"工作格局初步形成。

重要启示

按照建设实施方案部署，国家文化公园体系建设将加速形成齐抓共管、全面推进、整体有序的良好格局，成为推进社会主义文化强国建设、提高国家文化软实力的重要抓手。尽快探索出国家文化公园建设中加强文物保护、文化传承、文旅融合的"中国方案"，需把握好以下三者间的关系。

一要注重处理好传承保护与合理开发之间的关系。既要明确实施重大修缮保护项目、严防不恰当开发和过度商业化，又要鼓励对优质文化旅游资源进行一体化开发、培育一批有竞争力的文旅企业，孵化形成一批具有示范成效和典型意义的项目案例和产业集群，以钉钉子精神匠造文化和旅游工程项目，做大做强中华文化重要标志。

二要注重处理好统筹规划与区域特色之间的关系。长城、大运河、长征、黄河分别涉及 15 个、8 个、15 个、9 个省区市，工作中既要突出顶层设计和规范化建设，也要注重因地制宜、分类指导。必须强化顶层设计，注重跨地区、跨区域统筹协调，打造民族性、世界性兼容的文化名片，同时充分考虑地域广泛性、文化多样性、资源差异性，鼓励地方探索可复制推广的成果经验。

三要注重处理好关键领域与整体提升之间的关系。既要确保建设方案部署的关键领域基础工程建设到位，也要确保带状文化名片整体高效打造。建设国家文化公园的关键是集中实施一批标志性工程，这就必须加快推进保护传承工程、研究发掘工程、环境配套工程、文旅融合工程、数字再现工程，同时也必须营造基础设施、公共服务、产品业态、非遗保护等系统性的发展环境。

（刊发于《旅游绿皮书：2021—2022 年中国旅游发展分析与预测》，社会科学文献出版社 2022 年版）

提升长征步道建管水平
走好"万里长征"第一步

习近平总书记指出，今天中国的进步和发展，就是从长征中走出来的。一个"走"字，高度精准地提炼概括了长征不同于其他文旅资源载体的特色体验方式。长征线路纵贯 15 个省区、长达二万五千里、横跨大半个中国，正是以一条条革命先烈徒步踏过的道路遗迹为实体依托的。让广大人民群众深度体验长征实体文物和文化资源，扩大革命文化感召力，做好步道保护、建设与管理，可谓"万里长征"需要迈出的第一步。

长征步道以红军长征经过路线为依托，以徒步功能为主，集长征历史感悟、户外健身、生态科普于一体，兼具交通连接、旅游体验、文化展示、游憩休闲等综合功能，是长征旅游基础设施和公共文化服务的重要组成部分。根据中办、国办印发的《长城、大运河、长征国家文化公园建设方案》精神，长征国家文化公园建设关键是要打通断头路，改善旅游路，贯通重要节点。步道是长征国家文化公园极具标志性的工程。为此，步道建设应尽快纳入长征国家文化公园规划部署的重点任务、重大工程、重要项目。

然而，长征沿线所经过的地域往往是偏远而艰险的，尽管近年来自然环境和文化生态得到一定提升，但长征步道总体面临建设数量不足、维护水平偏低、管理维护不到位等问题，成为制约长征文化体验的短板。

根据"管控保护、主题展示、文旅融合、传统利用"四类主体功能区建设重点，长征步道应依托山野步道、近自然步道、城镇步道和公路四种不同载体，加快打通规划、设计、建设、维护、管理五大环节，系统融入"保护传承、研究发掘、环境配套、文旅融合、数字再现"五大重点基础工程，助力做大做强中华文化的重要标志。

坚持规划先行，突出顶层设计

统筹考虑资源禀赋、人文历史、区位特点、公众需求，按照原真生态、文化传承、以人为本、效益最优、因地制宜的建设原则，建立省、市、县三级联动、分工明确的步道规划设计与建设实施方案，统一选线、统一规划设计，分段组织实施，有序推进长征步道分类保护与建设。需确保步道线路走向、关键节点的确定，与国土空间规划相衔接和协调。

创新设计理念，提升革命文化感召力

秉持移步易景、一步一品的设计目标，深入挖掘二万五千里长征沿线遗产的文化内涵，以绣花功夫做好精细化运作。如步道选线应尽最大可能遵循红军长征线路，最大化还原红军长征行军路线，尽可能选择红军行军路线较清晰可寻、历史证据确凿的路段；尽可能选择自然景观较好、人文资源富集、较能体现长征时期历史环境的路段。

提升建设水平，确保"修旧如旧"

长征步道应坚守"公共安全"与"生态保护"两个底线、两条红线。建设过程中尽量保障使用者的安全，保障长征步道体验活动健康有序开展。尽可能减少新建，修旧如旧，避开自然保护地核心区，对危险地段采取一定的安全防护措施，推进使用绿色能源，维护途经地区的生态、文化和景观特征。强调自然环境保护和土地利用管理，严格保护长征步道经过荒野和森林等地区自然环境，通过多种土地利用方式协调保证土地价值。

立足长效维护，避免过度商业化

长征步道应向使用者提供必要的配套设施和服务，但不宜过分强调舒适度，避免过度娱乐化，背离革命精神的本质。为此，需尽快健全长征步道标准化服务体系，适度加快完善长征沿线游客集散、导览导游、休憩健身、旅游厕所等公共设施，安全、消防、医疗、救援等应急设施，科研、会展等公益设施，宾馆、酒店和文化消费等必要商业设施。

健全管理机制，探索现代治理能力和水平

长征步道管理应统筹做好"管理体制、数字服务、智能监测、科技赋能、公众参与"等综合管理手段。由中宣部、文化和旅游部等长征国家文化公园指导单位实行统一领导，各地党委、政府落实属地管理主体责任，地方文化旅游主管部门落实部门主体责任，健全长征步道管理的综合协调机制。也可实施"红色教育培训＋步道"的步道活化利用模式，结合纪念设施和遗址遗迹，设置红色培训现场教学点，建立线上与线下结合的"重走长征路"打卡认证体系，推进步道行走与打卡活动的有机结合，提升公众参与"重走长征路"的热情。

此外，要充分利用5G通信、大数据、人工智能等新型基础设施，加快"互联网＋步道"管理，构建长征步道"一张图"数据库的监测信息

化系统。加强数字基础设施建设，利用现有设施和数字资源，建设国家文化公园官方网站和数字云平台，对文物和文化资源进行数字化展示，逐步实现主题展示区无线网络和第五代移动通信网络全覆盖。

"每一代人有每一代人的长征路，每一代人都要走好自己的长征路。"在建党 100 周年的历史节点上，长征国家文化公园建设更承担着独特重要的历史责任。我们期待，长征国家文化公园能够立足步道建设基础，加速让革命文化串珠成线、连线成片，让广大人民群众更加方便、更加贴心、更加活跃地重走长征路，自觉接受红色传统教育，常学常新，不断感悟，使红色基因渗进血液、浸入心扉，巩固和升华理想信念。

（刊发于《中国文化报》2021 年 3 月 13 日第 3 版）

"长江国家文化公园"，正要呼之欲出？

当前，在长城、大运河、长征、黄河四大国家文化公园建设得到快速推进的情况下，"长江国家文化公园"是否可以适时推出？相关条件是否具备，在操作路径上又是否可行？

提出这个问题，可能也并不突兀。事实上，2021年"两会"期间，多地的人大代表、政协委员就已经对此有过呼吁。

2019年8月，习近平总书记在甘肃考察时说过，当今世界，人们提起中国，就会想起万里长城；提起中华文明，也会想起万里长城。长城、长江、黄河等都是中华民族的重要象征，是中华民族精神的重要标志。我们一定要重视历史文化保护传承，保护好中华民族精神生生不息的根脉。

"长江"作为中华民族的重要象征，与"长城""黄河"是并列的。而且从地理空间来看，长江有着重要的战略地位。黄河是我国第二大河，而全长6300多千米的长江则是我国第一大河，发源于青藏高原的唐古拉山主峰各拉丹冬雪山西南侧，自西而东流经青海、四川、西藏、云南、重庆、湖北、湖南、江西、安徽、江苏、上海等多个省（自治区、直辖市）注入东海。

从文化价值来看，长江滋养了长江文化，是中华文明的标志性象征。黄河、长江两大河流共同孕育了中华民族的早期人类，被称为中国的"两河文明"，共同建构了中华民族的精神家园。而长江文化还进一步建构出了庞大的文化体系：以巴蜀文化、楚文化、吴越文化、江淮文化为主体文化，以滇文化、闽文化、黔文化、赣文化、淮南文化等为亚文化层次。

一项工作，如果获得从上到下、从中央到地方的广泛支持，往往能得到积极有效的推进。事实上，对于"长江国家文化公园"，江苏、湖北、重庆等长江沿线多地都有强烈的推动热情和积极性，而且也积累了一些地方经验。

一切，都在等风来。然后，可以顺风走。

事实上，一旦"长江国家文化公园"推进有了可能性，有了之前的长城、大运河、长征、黄河四大国家文化公园建设做参照，一些操作路径几乎是可以复制的：立足国家战略、由中央统筹规划，由相关部委牵头主导，长江流域沿线各省份积极配合，充分调动相关科研院所的研究力量，制定《长江国家文化公园建设保护规划》及相关专项规划，等等。

更值得注意的，在操作路径上，首先需要解决"一个问题"，再看能否实现"一个期待"。

首先，需要解决的"一个问题"就是，"长江国家文化公园"到底涵盖多少个省份？

目前，长城国家文化公园沿线涉及 15 个省份，大运河国家文化公园沿线涉及 8 个省份，长征国家文化公园沿线 15 个省份，黄河国家文化公园沿线涉及 9 个省份。具体到"长江国家义化公园"呢？

一个重要数字是"19"。长江流域包括长江"干流"和"支流"流经的广大区域，其中，"干流"流经青海、西藏、四川、云南、重庆、湖北、湖南、江西、安徽、江苏、上海等 11 个省（自治区、直辖市）；"支流"展延至贵州、甘肃、陕西、河南、浙江、广西、广东、福建等 8 个省（自治区）。这样加起来，"长江流域"共涉及 19 个省（自治区、直辖市）。

另一个重要数字是"11"。长江经济带覆盖上海、江苏、浙江、安徽、江西、湖北、湖南、重庆、四川、云南、贵州等 11 个省市。这 11 个省市主要是基于长江"干流"选出来的，但由于是经济带属性，去掉了"干流"的青海、西藏，而从"支流"选出了浙江、贵州。

结合以上两方面情况，再根据国家文化公园建设旨归，我们认为，"长江国家文化公园"涵盖"13"个省份会比较合适，包括长江干流所有11个省份，再加上已经较好融入到长江经济带整体的浙江、贵州2个省份。如此，长江国家文化公园建设范围就包括了青海、西藏、四川、云南、重庆、湖北、湖南、江西、安徽、江苏、上海和浙江、贵州等13个省（市、区）。

其次，值得关注的"一个期待"是，长江国家文化公园能否在推动区域整体发展、经济社会高质量方面做出更好文章。

当前，长城国家文化公园、大运河国家文化公园、长征国家文化公园、黄河国家文化公园建设取得积极成效，但限于区域特点、经济活力等等原因，在资金投入来源、市场机制引入等方面的探索还有较大提升空间。而长江国家文化公园，完全有能力、有实力、有动力、有条件在这方面实现真正的"破题"。

长江流域是中国经济的"黄金地带"。国家发改委数据显示，长江经济带经济总量占全国的比重从2015年的42.3%提高到2019年的46.5%，2020年前三季度进一步提高到46.6%。与其他国家文化公园沿线相比，长江沿线省份相对较强的地方财政实力为"长江国家文化公园"建设提供了较为稳定的资金来源保障。

同时，长江流域的经济活力也为建设"长江国家文化公园"提供了更多可能性，可以深入做好探索工作，积极引入社会资本带动综合产业发展，并可以考虑将长江文化资源丰富、发展基础条件好、工作推进得力的相关省级如江苏、湖北、四川等作为长江国家文化公园重点建设区，有效发挥好文化教育、公共服务、旅游观光、休闲娱乐、科学研究等功能。长江国家文化公园建设，完全可以通过生态、文化、旅游等对长江流域经济社会发展的带动作用，进一步推动长江经济带和长江中下游城市群的高质量发展。

从文旅深度融合角度看，长江国家文化公园建设，可以对优质的长江文化旅游资源推进一体化开发，推动文旅产业聚集融合，充分利用产业培育、运营前置等市场化手段，大力塑造文化旅游品牌。同时还可以做出更多深入且细致的工作，科学规划文化旅游产品，推出参观游览长江文化旅游经典线路，打造一批长江文旅示范区，推动组建长江文旅融合发展联盟，等等。

期待，不久的将来，"长江国家文化公园"横空出世，乘风破浪。

（与周易水合作，刊于易水文旅公众号，2021 年 12 月 23 日）

高标准绘制"公园画卷"

——长城、大运河、长征国家文化公园建设保护规划解读

近日，国家文化公园建设工作领导小组印发《长城国家文化公园建设保护规划》《大运河国家文化公园建设保护规划》《长征国家文化公园建设保护规划》（以下简称《长城规划》《大运河规划》《长征规划》）。三个《规划》是中办、国办《长城、大运河、长征国家文化公园建设方案》（以下简称《方案》）的落实细化，是构建国家文化公园建设规划体系的顶层设计，为各省（区、市）推进国家文化公园建设保护提供了科学指引，对于进一步坚定文化自信、提升国家文化软实力、打造中华文化重要标志将产生深远影响。

一、高起点谋篇布局，彰显中国特色、时代高度

高位擘画建设蓝图。国家文化公园的"国家"属性，体现的是国家意志和国家行为，凸显的是国家象征。作为国家文化公园建设保护的纲领性文件，三个《规划》始终坚持以习近平新时代中国特色社会主义思想为指导，高起点谋篇布局，强化全球视野、中国高度与时代眼光，深刻理解和把握国家文化公园的内涵及线性文化遗产保护传承利用的重点和难点，以长城、大运河、长征沿线一系列主题明确、内涵清晰、影响突出的文物和

文化资源为基础，按照高质量发展要求，坚持保护优先、强化传承，坚持文化引领、彰显特色，坚持统筹规划、分类指导，坚持积极稳妥、改革创新的四大基本原则，生动呈现中华文化的独特创造、价值理念和鲜明特色。

合理划定时间表。《建设方案》提出，长城、大运河、长征国家文化公园建设，计划用4年左右时间，到2023年底基本完成。三个《规划》紧紧围绕目标，延展建设时间表和路线图，科学制定了分三个阶段完成的总体安排。一是到2021年年底，长城、大运河、长征国家文化公园建设管理机制初步建立，重点建设区建设任务基本完成。二是到2023年年底，长城、大运河、长征国家文化公园建设任务基本完成，形成一批可复制推广的成果经验。三是到2025年，大运河国家文化公园建设管理机制全面建立，标志性项目取得明显效益，成为向世界传播中华优秀文化的重要标志。到2035年，长城、长征国家文化公园全面建成，符合新时代要求的长城保护传承利用体系全面建立，强力助推社会主义文化强国建设。

创新谋划空间布局。三个《规划》坚持多规合一，结合国土空间规划，注重探索新时代文物和文化资源保护传承利用新路，创新提出线性文化遗产保护传承利用模式，以大格局、大视野、大境界推进规划设计，充分彰显中国特色、中国风格、中国气派。其中，《长城规划》按照"核心点段支撑、线性廊道牵引、区域连片整合、形象整体展示"的原则，以明长城为主线，串联沿线各类长城文物和文化资源、自然生态、历史文化资源点，全面展示长城的文化景观和文化生态价值，形成"一带、十八段、二十六区、多点"的总体空间格局。《大运河规划》按照"河为线、城为珠、线串珠、珠带面"的思路，围绕大运河沿线8省（市），优化形成一条主轴凸显文化引领、四类分区构筑空间形态、六大高地彰显特色底蕴的大运河国家文化公园总体功能布局。《长征规划》根据红军长征历程和行军路线，以中央红军（红一方面军）长征路线为轴，以红二十五军长征路线、红四方面军长征路线、红二、红六军团（红二方面军）长征路线和三军会师路线为四线，构建"一轴四线"总体空间框架，整体划分为十四个主题篇章，聚焦代表性历史事件，形成全面完整、层次分明、特色突出、内容深入的叙事体系。

二、高标准设计任务，体现保护传承、合理利用

习近平总书记多次强调，要求发掘好、利用好丰富文物和文化资源，让文物说话、让历史说话、让文化说话，推动中华优秀传统文化创造性转化创新性发展、传承革命文化、发展先进文化。三个《规划》始终坚持以习近平总书记重要指示批示精神为指引，以科学保护、世代传承、合理利用为宗旨，综合考虑文物和文化资源的整体布局、禀赋差异及周边人居环境、自然条件、配套设施的情况，坚持因地制宜突出特色，高标准谋划、安排了管控保护、主题展示、文旅融合、传统利用等四类主体功能区，和文物和文化资源保护传承、文化研究发掘、环境配套完善提升、文化和旅游深度融合、数字再现等五大标志性工程。

在四类主体功能区方面。《长城规划》提出，对长城文物本体及环境实施严格保护和管控，建设集遗产保护、环境美化、文化传承、产业发展等为一体的复合型长城文化遗产廊道，打造"长城＋历史文化文旅融合区""长城＋生态文旅融合区""长城＋现代文旅融合区"等三类示范区，推出一批综合性"活态化"古村落生态博物馆和原生态的社区博物馆，促进长城优秀传统文化的社区传承。《大运河规划》坚持保护治理优先理念，明确重点管控保护对象，统筹推进文化遗产、生态环境和景观风貌保护，明确34个大运河国家文化公园核心展示园和19个大运河国家文化公园集

中展示带，打造一批地域特色突出的运河文化高地，推动大运河沿线中国美丽休闲乡村建设，培育形成一批大运河文化生态保护（实验）区，发展大运河中华老字号品牌。《长征规划》坚持原址原貌保护，加强传承利用，划定长征国家文化公园管控保护区，建设52个重点展示园、35条集中展示带、优选39个县（市、区）作为首批长征国家文化公园"文旅融合示范区"创建单位，建设一批沿线红军长征村、红色小镇、红军街，支持打造"一村一品、一乡一业"，促进差异化发展。

在标志性工程方面，三个《规划》充分考虑资源跨区域、跨文化、跨古今的时空差异，还考虑到文化遗产、自然遗产和非物质文化遗产的类别差异，提出在沿线区位优势明显、文化遗产资源集中、保护利用水平较高的地区集中实施一批标志性工程，形成一批可复制可推广的成果经验，串珠成线、连线成片，为全面推进国家文化公园建设创造良好条件。一是强化保护传承，有序推进长城文物考古工作，办好长城品牌节事活动，完善运河集中连片保护措施，优选长征历史步道开展首批示范段建设，创造全程沉浸式的革命文化体验。二是注重构建智力支撑体系，推动成立中国大运河学会、中国长征学会，拍摄电视专题片《长城之歌》《大运河之歌》《长征之歌》，鼓励各地利用文物和文化资源，策划实景演出、主题展演或情景体验活动。三是加强对城乡发展、产业发展的引导和整治，推出国家文化公园形象标志，在沿线重点旅游线路和片区建设旅游咨询中心、游客集散中心、智慧停车场、旅游厕所等，推动旅游风景道、红色旅游公路建设，形成快进慢游交通格局。四是大力推动文旅深度融合，打造一批中华文明标识性长城参观游览区、运河旅游城市、长征主题的4A级以上旅游景区等，建设"万里长城"中华文化展示线、运河联程联运线路、"重走长征路"红色旅游精品线路等文化旅游经典线路。五是大力发展数字内容新业态，提供可视化呈现、沉浸化体验的数字展示和互动产品，逐步实现文物和文化资源的数字再现和虚拟复原，建设长城、大运河、长征国家文化公园官方网站和数字云平台。

三、高站位推动落实，突出协调衔接、共同发力

建设国家文化公园是国家的重大系统工程，需要建立一整套的政策和制度体系，落实一系列的规划和财政保障措施。三个《规划》从实施的实际需要出发，从机制体制、政策制度、规划衔接、社会参与、监督落实等方面提出了具体保障措施。一是强化顶层设计，完善管理体制，构建中央统筹、省负总责、分级管理、分段负责的工作格局，加强跨地区跨部门的统筹协调，形成强大工作合力。二是完善政策制度保障，加大中央财政预算内投资和各级财政资金对国家文化公园建设保护的支持力度，完善多元投入机制，引导社会资金积极参与国家文化公园建设。三是加强规划体系衔接，按照多规合一要求，加强各级各类规划间的协调衔接，沿线各省区市要对照三个《规划》结合实际制定出台、修订完善分省建设保护规划，各市、县应视需要编制重点项目规划或实施方案，形成国家文化公园建设规划体系，确保协调统一、统筹推进。四是鼓励社会参与，完善志愿者服务制度，建立统一宣传推广平台，开展全方位、多层次、立体式的宣传推广，营造社区主动保护、社会广泛参与、各方积极支持的良好氛围。五是强化督促落实，健全监督检查工作机制，完善专家委员会制度、第三方评估制度，将国家文化公园建设纳入综合考核评价体系，定期开展自查，自觉接受社会监督，加强对重大项目和重大工程的统筹安排和督查指导，确保建设工作按时有序推进。

（刊发于新时代文旅研究院公众号，2021 年 11 月）

责任编辑：夏　青　沈　伟

图书在版编目（CIP）数据

国家文化公园研究：从理论到实践／吴若山　著．　—北京：人民出版社，2024.4
ISBN 978－7－01－026439－4

I.①国…　II.①吴…　III.①文化－国家公园－研究－中国　IV.①G122

中国国家版本馆 CIP 数据核字（2024）第 060406 号

国家文化公园研究

GUOJIA WENHUA GONGYUAN YANJIU

——从理论到实践

吴若山　著

人民出版社 出版发行
（100706　北京市东城区隆福寺街 99 号）

北京九州迅驰传媒文化有限公司印刷　新华书店经销

2024 年 4 月第 1 版　2024 年 4 月北京第 1 次印刷
开本：710 毫米 ×1000 毫米 1/16　印张：14.75
字数：180 千字

ISBN 978－7－01－026439－4　定价：60.00 元

邮购地址 100706　北京市东城区隆福寺街 99 号
人民东方图书销售中心　电话：（010）65250042　65289539